〈領域〉
環境ワークブック
―基礎理解と指導法―

佐藤純子 ◆編著

矢治夕起・田村美由紀・
室井佑美・村山大樹・溝口義朗 ◆著

萌文書林
Houbunshorin

フォトランゲージ
写真から学びを深めよう

　「フォトランゲージ」とは，写真やイラストを見て，被写体や背景から感じたことを言葉で表現していく学習方法を示します。写真などの資料をもとに，子どもの姿や保育者の意図を読み取りましょう。ここでは，日本とニュージーランドの保育・幼児教育現場から「戸外の子どもの遊びと保育者の様子」「屋内の子どもの遊びと保育者の様子」の写真を掲載しました。本書で示した7つの設問をもとに，それぞれで考察してみましょう。その後，グループになって話し合い，遊びの背景や保育者の配慮点などを共有してみましょう。話し合いのなかでは，さまざまな視点や捉え方が出てくると思います。多様な保育の視点を学び合うことは，指導計画づくりや環境設定のあり方にも役立つことに気づくでしょう。

戸外の子どもの遊びと保育者の様子

①

②

③

④

設 問

①〜④の写真について，以下の1〜7の視点から考えてみましょう。

1 　何をしているのかな？

2 　どんな会話をしているのかな？

3 　どんな経験をしているのかな？

4 　保育者はどんなことに配慮しているのかな？

5 　どんな環境設定が必要かな？

6 　保育者はどんな言葉がけをしているかな？

7 　5領域のどんな内容につながっているかな？

⑤

⑥

⑦

⑧

⑨

⑩

⑪

⑤～⑪の写真について，以下の1～7の視点から考えてみましょう。

1 何をしているのかな？

2 どんな会話をしているのかな？

3 どんな経験をしているのかな？

4 保育者はどんなことに配慮しているのかな？

5 どんな環境設定が必要かな？

6 保育者はどんな言葉がけをしているかな？

7 5領域のどんな内容につながっているかな？

⑫

⑬

⑭

⑮

⑯

⑰

設問
Questions

⑫〜⑰の写真について，以下の1〜7の視点から考えてみましょう。

1　何をしているのかな？

2　どんな会話をしているのかな？

3　どんな経験をしているのかな？

4　保育者はどんなことに配慮しているのかな？

5　どんな環境設定が必要かな？

6　保育者はどんな言葉がけをしているかな？

7　5領域のどんな内容につながっているかな？

屋内の子どもの遊びと保育者の様子

①

②

③

④

⑤

⑥

設　問
Questions

①〜⑥の写真について，以下の1〜7の視点から考えてみましょう。

1　何をしているのかな？

2　どんな会話をしているのかな？

3　どんな経験をしているのかな？

4　保育者はどんなことに配慮しているのかな？

5　どんな環境設定が必要かな？

6　保育者はどんな言葉がけをしているかな？

7　5領域のどんな内容につながっているかな？

⑦

⑧

⑨

⑩

⑪

⑫

設問
Questions

⑦～⑫の写真について，以下の１～７の視点から考えてみましょう。

1　何をしているのかな？

2　どんな会話をしているのかな？

3　どんな経験をしているのかな？

4　保育者はどんなことに配慮しているのかな？

5　どんな環境設定が必要かな？

6　保育者はどんな言葉がけをしているかな？

7　５領域のどんな内容につながっているかな？

⑬

⑭

⑮

⑯

⑰

⑬～⑰の写真について，以下の1～7の視点から考えてみましょう。

1　何をしているのかな？

2　どんな会話をしているのかな？

3　どんな経験をしているのかな？

4　保育者はどんなことに配慮しているのかな？

5　どんな環境設定が必要かな？

6　保育者はどんな言葉がけをしているかな？

7　5領域のどんな内容につながっているかな？

物的環境を考えてみよう

　筆者が勤務する学校では，２回目の教育実習（責任実習）を終えた学生たちが，その半年後に再び園を訪問して「振り返り観察実習」を行います。この実習では，学生全員が「教育・保育の意図が読み取れる物的環境」を見つけ，撮影してくるという課題があります。ここでは，そのいくつかを紹介しましょう。

　園に許可をいただき，写真を撮影したら，①タイトルをつけ，②ねらいや意図を考察します。

① 時間を伝えるつくし

②　子どもたちが，自分で時計を見て行動する習慣がつくように，この時計を使って「長い針がここ，短い針がここにきたらお部屋だよ」という保育者からの声かけがありました。時計のデザインは，子どもたちが親しみやすい「つくし」の形になっています。園庭のどこからでも見える場所に，大きな時計が設置されている点も子どもにとって行動のしやすさにつながっていると感じました。この時計があることで，生活習慣が身につくだけでなく，数字へ関心をもつ子どももいました。

（課題）

①　写真にタイトルをつけてみよう。

②　この物的環境のねらいや意図を考察してみよう。

①　世界の国からこんにちは

②　一人の子どもが国旗に興味をもち，家庭で調べて国旗を描いて登園してきました。それが
きっかけとなり，クラスの活動に発展していきました。子どもたちは図鑑を見て，気になっ
た国旗や好きな国旗をそれぞれに描きました。その後，子どもたちの描いた国旗を壁面に掲
示しました。子どもたちの興味はさらに広がり，「この国のこんにちは，何ていうのかな？」
と言葉に対する関心をもつようになりました。そこで，保育者がローマ字とカタカナで国旗
のそばに各国の「こんにちは」を書き添えました。すると，子どもたち同士でいろんな国の
あいさつが始まりました。なんてインターナショナルなんだろう！　とおどろいたことを今
でも覚えています。また，壁面に貼ることによって，意識的に言葉をかけ合うきっかけと
なっていました。こういう働きかけが，世界や友達を知る機会にもなるのだと思いました。

① 「ねこさんどうぞ！」

② この園では，次の順番を待っている子どもに，どこのトイレが空いているのかを子どもたち同士で伝え合えるよう，トイレの個室一つひとつに動物の絵（ねこ・ひよこ・うし）が貼ってありました。子どもは自分の番が終わると，うしろで順番を待っている友達に「うしさんどうぞ」などといい，「あなたの番ですよ」ということを動物の名前を通して伝えていました。こうすることで効率よく，順番をまわすことができており，環境設定の意味や役割について理解することができました。さらに，こうした工夫を通してトラブルが減るという意図もあるのだと感じました。子ども同士のコミュニケーションの場にもなっており，相互で言葉を伝えあう経験となっていることもわかりました。

② 「水筒置き場に水筒を置く際は，ひもを水筒に巻きつけて入れる」という共通ルールをつくることで，ルールを守ろうという気持ちが働いていました。巻きつけて入れなかった子どもがいると，そのことに気がついた別の子どもが「ぐるぐる巻くんだよ」と伝えていました。このように，子ども同士でルールを教えあうような経験を通じて，子どもたちのなかに規範意識が芽生えていくのだと感じました。保育者がなぜルールがあるのかを子どもたちにたずねると「きれいに入れられるから」「ひもにひっかかると転んで危ないから」と答え，なぜそうするのかもきちんと考えることができていました。

① みんなで整理整頓

は じ め に

　子どもが成長していくうえで，周囲の環境による影響は大きい。乳幼児にとって家族や保育者，友達といった身近な人的環境との関わりはもちろんのこと，その子どもが使ったり，接触したり，通ったりする物的環境との関わりも重要となる。子どもたちは，自分を取り囲む周囲の環境と相互的に作用しながら発達していく。なかでも，その中心的役割を担っているのは，家庭や地域であり，保育所・幼稚園・認定こども園などの施設と保育者である。だからこそ保育者には，子ども一人ひとりの成長や発達を保障するために，どのような環境が望ましいのかを考え，保育を計画し，子どものニーズに応じた環境構成をしていくことが期待される。

　この春，私たちは新型コロナウイルス感染症の影響を受け，学校などに行けなくなり，人と人とのふれあいが減り，教育方法も変化していった。皆さんの日々の暮らし方も大きく変わったことだろう。このように私たちの日常は，周囲の環境の変化に対応しながら営まれていくものなのである。

　2017（平成29）年には，幼保連携型認定こども園教育・保育要領，幼稚園教育要領，保育所保育指針が同時改訂（定）となった。そこでは，すべての保育・教育施設として一体的に取り組むことが示され，5領域や幼児教育において育みたい「資質・能力」と「幼児期の終わりまでに育ってほしい姿」が，どの施設に通っても目指されるべき事項として共通化した。つまり，共通の言語を用いて，子どもの自ら育とうとする力が十二分に発揮できるよう環境設定し，ていねいで意味のある関わりをしていこうとする視点が強調されたということになる。

　本書は，領域「環境」にもとづき，保育者は，どのような視点をもち，環境と子どもとの関わりについて思考し，実践へとつなげていったらよいのか，あらゆる環境の側面から論じている。読者の皆さんには，知識だけでなく，保育者としてあるべき姿勢を体得していただきたいと思い，事例や写真，演習なども多く取り入れている。ぜひ本書で感じた思いや感覚を子どもたちとも経験していってほしいと願っている。

　最後になるが，本書の出版にあたり，淑徳大学短期大学部から2020（令和2）年度の出版助成をいただいた。また，本書の出版に快く応じてくださった萌文書林の服部直人社長と編集・校正にご尽力いただいた赤荻泰輔さんに厚く御礼申し上げたい。

　　2020年8月

著者を代表して　佐 藤　純 子

第**1**章

領域「環境」における
保育および教育の目標

第**2**章

領域「環境」の意義 ─ねらいと内容─

第**8**章

数量や図形との関わり

第**9**章

標識や文字などに関心をもつ

第13章

領域「環境」と保育の展開
―指導計画の意義・作成・実践例―

第14章

領域「環境」をめぐる現代的な課題

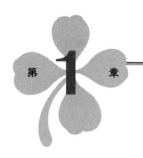

領域「環境」における
保育および教育の目標

　幼保連携型認定こども園保育・教育要領，幼稚園教育要領，保育所保育指針が2017（平成29）年に同時改訂され，育みたい3つの「資質・能力」や「幼児期の終わりまでに育ってほしい姿（10の姿）」などが告示された。しかしながら，乳幼児期にふさわしい教育・保育の根本は，「環境を通して行うこと」であり，その捉え方は以前と変わってはいない。領域「環境」においては，子ども自身が身近な環境に能動的に関わり，活動を通じて発達・成長していくことの重要性が示されている。

　保育者は，乳幼児期の子どもたちが人・物・自然などの環境に主体的に関わり，多様な学びが深まるよう環境構成を考え，工夫して保育をしていく必要がある。

1. 子どもの育ちをめぐる環境の変化

　就学前の子どもに対する教育や保育の役割は，家庭や地域社会と連携しながら，家庭内で身につけた子どもの力をさらに伸ばしていくことである。近年では，核家族化や就労世帯の増加から，0歳から2歳までの保育需要が高まってきている。そのため，本来なら家庭内で身につけるべき諸能力の獲得を保育所などの就学前施設において育成するようになってきている。

　世帯規模については，年々縮小傾向にあり，厚生労働省が2017（平成29）年に実施した「国民生活基礎調査」によると，児童のいる世帯は1173万4000世帯で全世帯の23.3%であった。そのうち児童が「1人」いる世帯は，520万2000世帯

（全世帯の10.3％，児童のいる世帯の44.3％），児童が「２人」いる世帯は，493万7000世帯（全世帯の9.8％，児童のいる世帯の42.1％）となっている。世帯構造をみると「夫婦と未婚の子のみの世帯」が，881万4000世帯（児童のいる世帯の75.1％）でもっとも多く，次いで「三世代世帯」が166万5000世帯（同14.2％）であった。

　児童のいる世帯における末子の母の仕事の状況をみると，「仕事あり」の割合は70.8％であり，上昇傾向となっている。他方，０〜３歳の末子がいる母親のうち，67.3％が仕事をもたない専業主婦であることが明らかとなっている。総務省が2004（平成16）年に実施した「労働力調査詳細結果」によると，０〜３歳の末子がいる母親のうち，67.3％が仕事をもたない専業主婦であったが，2017年の厚生労働省の調査では，０〜３歳の末子がいる母親のうち，「仕事なし」と回答した母親は48.2％であった。このように，昨今では働く母親の数が増える傾向にある（図１）。

　2004年の総務省のデータと比較してみても，その変化は顕著であり，働いている母親がおおむね20％近く増加していることがわかる。就労世帯が増加している要因については，さまざまな理由が考えられる。その一つに，現代の子育て世帯の生活意識が向上したことにより，核家族率が増加し，子どもをもつ家庭の経済的な負担感が増していることがあげられる。さらに，女性が結婚・出産後も就労を継続していることや，母親が仕事をもつことが抵抗なく社会に受け入れられるようになったことにも起因している。

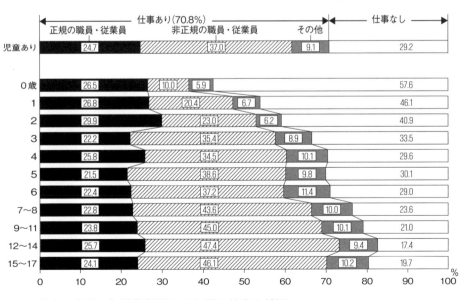

▲図１　末子の年齢階級別にみた母の仕事の状況

（「平成29年　国民生活基礎調査の概況」厚生労働省，2018より）

このように昨今の子どもたち，とくに０歳児や１歳児といった低年齢児の保育需要が高まっていることから，日中の長い時間，教育・保育施設で過ごす「子どもの社会化」が進行している。そのため，保育所や幼稚園，認定こども園などの子どもが長く生活する場所では，子ども一人ひとりの生活のリズムや育ちのペース，個性などを尊重した活動の実践が求められる。すなわち，どの子どもも安心して安全に過ごせるように保育者の関わり（人的環境）と適切な環境設定（物的環境）が最重視されるということになる。

2. 幼保連携型認定こども園における教育・保育の基本と目標

わが国では，仕事と子育ての両立支援だけでなく，専業主婦世帯に対する支援についてもその必要性が高まり，より包括的な次世代育成支援の観点からの取り組みが進められている。次世代育成という視点で制度を推進していくためには，就学前の子どもたちが平等に教育や保育を受けることのできるようなシステムの確立が不可欠となる。

こうした視点にもとづき，2006（平成18）年には「就学前の子どもに関する教育，保育等の総合的な提供の推進に関する法律」いわゆる「認定こども園法」が成立し，幼稚園と保育所の両方の機能をあわせもつ「認定こども園」の設置が規定された。こうしたなかで，幼稚園教育要領および保育所保育指針との整合性を確保し，学校教育との円滑な接続を考慮するため，2014（平成26）年に「幼保連携型認定こども園教育・保育要領」が策定されている。この要領には，認定こども園の教育課程や保育内容に関する事項が定められている。

就学前の教育・保育施設では，子どもが現在をもっともよりよく生き，これからの未来をつくり出す基礎力を培うために，「環境」を通して養護と教育を一体的に行うことが重要となる。2017（平成29）年に同時改訂となった「幼稚園教育要領」「保育所保育指針」「幼保連携型認定こども園教育・保育要領」では，いずれの園においても同じ質の保育や教育が受けられるように内容の整合性が図られただけでなく，幼児教育において育みたい３つの「資質・能力」についても示されるようになった。

これら３つの「資質や能力」は，「３つの柱」とも呼ばれ，「知識及び技能の基礎」「思考力，判断力，表現力等の基礎」「学びに向かう力，人間性等」で構成されている。すなわち，生涯にわたる生きる力の基礎を培うことを目指していこうとする考え方であり，「３つの柱」は人間の基礎を育むための支柱ともいえる。

以上の「資質・能力」を子どものなかに育てるときに，どのような点に留意し

て指導すべきかをまとめたものが，「幼児期の終わりまでに育ってほしい姿（10の姿）」となる。つまり「資質・能力」である「３つの柱」が，５歳児の後半になったときに，「保育内容の５領域（健康・人間関係・環境・言葉・表現）」において，どのような姿として現れるかを明確化したものである。この姿は，子どもの育ってきた力を「できているか・できていないか」の到達度で評価するものでは決してなく，幼児期の終わりまでに現れる「具体的な姿」として捉えていくこととされている。

　これら保育・幼児教育に対する観点が明確になったことで，各幼児教育施設が子どもたちの「何を育てようとしているのか」，その方向性がよりわかりやすく示せるようになったといえよう。詳しくは，以下に記していきたい。

●第1章　第1　1　幼保連携型認定こども園における教育及び保育の基本及び目標

　　乳幼児期の教育及び保育は，子どもの健全な心身の発達を図りつつ生涯にわたる人格形成の基礎を培う重要なものであり，幼保連携型認定こども園における教育及び保育は，就学前の子どもに関する教育，保育等の総合的な提供の推進に関する法律（平成18年法律第77号。以下「認定こども園法」という。）第２条第７項[1]に規定する目的及び第９条に掲げる目標を達成するため，乳幼児期全体を通して，その特性及び保護者や地域の実態を踏まえ，環境を通して行うものであることを基本とし，家庭や地域での生活を含めた園児の生活全体が豊かなものとなるように努めなければならない。

　　このため保育教諭等は，園児との信頼関係を十分に築き，園児が自ら安心して身近な環境に主体的に関わり，環境との関わり方や意味に気付き，これらを取り込もうとして，試行錯誤したり，考えたりするようになる幼児期の教育における見方・考え方を生かし，その活動が豊かに展開されるよう環境を整え，園児と共によりよい教育及び保育の環境を創造するように努めるものとする。これらを踏まえ，次に示す事項を重視して教育及び保育を行わなければならない。

　　（１）乳幼児期は周囲への依存を基盤にしつつ自立に向かうものであることを考慮して，周囲との信頼関係に支えられた生活の中で，園児一人一人が安心感と信頼感をもっていろいろな活動に取り組む体験を十分に積み重ねられるようにすること。

1）幼保連携型認定こども園の目的及び定義（改正認定こども園法第2条第7項）「この法律において，「幼保連携型認定こども園」とは，義務教育及びその後の教育の基礎を培うものとしての満3歳以上の子どもに対する教育並びに保育を必要とする子どもに対する保育を一体的に行い，これらの子どもの健やかな成長が図られるよう適当な環境を与えて，その心身の発達を助長するとともに，保護者に対する子育ての支援を行うことを目的として，この法律の定めるところにより設置される施設をいう」と規定され，幼保連携型認定こども園の意義と位置づけが示されている。

（2）乳幼児期においては生命の保持が図られ安定した情緒の下で自己を十分に発揮することにより発達に必要な体験を得ていくものであることを考慮して，園児の主体的な活動を促し，乳幼児期にふさわしい生活が展開されるようにすること。

（3）乳幼児期における自発的な活動としての遊びは，心身の調和のとれた発達の基礎を培う重要な学習であることを考慮して，遊びを通しての指導を中心として第2章に示すねらいが総合的に達成されるようにすること。

（4）乳幼児期における発達は，心身の諸側面が相互に関連し合い，多様な経過をたどって成し遂げられていくものであること，また，園児の生活経験がそれぞれ異なることなどを考慮して，園児一人一人の特性や発達の過程に応じ，発達の課題に即した指導を行うようにすること。

その際，保育教諭等は，園児の主体的な活動が確保されるよう，園児一人一人の行動の理解と予想に基づき，計画的に環境を構成しなければならない。この場合において，保育教諭等は，園児と人やものとの関わりが重要であることを踏まえ，教材を工夫し，物的・空間的環境を構成しなければならない。また，園児一人一人の活動の場面に応じて，様々な役割を果たし，その活動を豊かにしなければならない。

なお，幼保連携型認定こども園における教育及び保育は，園児が入園してから修了するまでの在園期間全体を通して行われるものであり，この章の第3に示す幼保連携型認定こども園として特に配慮すべき事項を十分に踏まえて行うものとする。

●第1章　第1　2　幼保連携型認定こども園における教育及び保育の目標

幼保連携型認定こども園は，家庭との連携を図りながら，この章の第1の1に示す幼保連携型認定こども園における教育及び保育の基本に基づいて一体的に展開される幼保連携型認定こども園における生活を通して，生きる力の基礎を育成するよう認定こども園法第9条に規定する幼保連携型認定こども園の教育及び保育の目標の達成に努めなければならない。幼保連携型認定こども園は，このことにより，義務教育及びその後の教育の基礎を培うとともに，子どもの最善の利益を考慮しつつ，その生活を保障し，保護者と共に園児を心身ともに健やかに育成するものとする。

なお，認定こども園法第9条に規定する幼保連携型認定こども園の教育及び保育の目標については，発達や学びの連続性及び生活の連続性の観点から，小学校

就学の始期に達するまでの時期を通じ，その達成に向けて努力すべき目当てとなるものであることから，満３歳未満の園児の保育にも当てはまることに留意するものとする。

●第１章　第１　３　幼保連携型認定こども園の教育及び保育において育みたい資質・能力及び「幼児期の終わりまでに育ってほしい姿」

（１）幼保連携型認定こども園においては，生きる力の基礎を育むため，この章の１に示す幼保連携型認定こども園の教育及び保育の基本を踏まえ，次に掲げる資質・能力を一体的に育むよう努めるものとする。

　ア　豊かな体験を通じて，感じたり，気付いたり，分かったり，できるようになったりする「知識及び技能の基礎」

　イ　気付いたことや，できるようになったことなどを使い，考えたり，試したり，工夫したり，表現したりする「思考力，判断力，表現力等の基礎」

　ウ　心情，意欲，態度が育つ中で，よりよい生活を営もうとする「学びに向かう力，人間性等」

（２）（１）に示す資質・能力は，第２章に示すねらい及び内容に基づく活動全体によって育むものである。

（３）次に示す「幼児期の終わりまでに育ってほしい姿」は，第２章に示すねらい及び内容に基づく活動全体を通して資質・能力が育まれている園児の幼保連携型認定こども園修了時の具体的な姿であり，保育教諭等が指導を行う際に考慮するものである。

　ア　健康な心と体

　　　幼保連携型認定こども園における生活の中で，充実感をもって自分のやりたいことに向かって心と体を十分に働かせ，見通しをもって行動し，自ら健康で安全な生活をつくり出すようになる。

　イ　自立心

　　　身近な環境に主体的に関わり様々な活動を楽しむ中で，しなければならないことを自覚し，自分の力で行うために考えたり，工夫したりしながら，諦めずにやり遂げることで達成感を味わい，自信をもって行動するようになる。

　ウ　協同性

　　　友達と関わる中で，互いの思いや考えなどを共有し，共通の目的の実現に向けて，考えたり，工夫したり，協力したりし，充実感をもってやり遂げるようになる。

　エ　道徳性・規範意識の芽生え

友達と様々な体験を重ねる中で，してよいことや悪いことが分かり，自分の行動を振り返ったり，友達の気持ちに共感したりし，相手の立場に立って行動するようになる。また，きまりを守る必要性が分かり，自分の気持ちを調整し，友達と折り合いを付けながら，きまりをつくったり，守ったりするようになる。

オ　社会生活との関わり

　　家族を大切にしようとする気持ちをもつとともに，地域の身近な人と触れ合う中で，人との様々な関わり方に気付き，相手の気持ちを考えて関わり，自分が役に立つ喜びを感じ，地域に親しみをもつようになる。また，幼保連携型認定こども園内外の様々な環境に関わる中で，遊びや生活に必要な情報を取り入れ，情報に基づき判断したり，情報を伝え合ったり，活用したりするなど，情報を役立てながら活動するようになるとともに，公共の施設を大切に利用するなどして，社会とのつながりなどを意識するようになる。

カ　思考力の芽生え

　　身近な事象に積極的に関わる中で，物の性質や仕組みなどを感じ取ったり，気付いたりし，考えたり，予想したり，工夫したりするなど，多様な関わりを楽しむようになる。また，友達の様々な考えに触れる中で，自分と異なる考えがあることに気付き，自ら判断したり，考え直したりするなど，新しい考えを生み出す喜びを味わいながら，自分の考えをよりよいものにするようになる。

キ　自然との関わり・生命尊重

　　自然に触れて感動する体験を通して，自然の変化などを感じ取り，好奇心や探究心をもって考え言葉などで表現しながら，身近な事象への関心が高まるとともに，自然への愛情や畏敬の念をもつようになる。また，身近な動植物に心を動かされる中で，生命の不思議さや尊さに気付き，身近な動植物への接し方を考え，命あるものとしていたわり，大切にする気持ちをもって関わるようになる。

ク　数量や図形，標識や文字などへの関心・感覚

　　遊びや生活の中で，数量や図形，標識や文字などに親しむ体験を重ねたり，標識や文字の役割に気付いたりし，自らの必要感に基づきこれらを活用し，興味や関心，感覚をもつようになる。

ケ　言葉による伝え合い

　　保育教諭等や友達と心を通わせる中で，絵本や物語などに親しみながら，豊かな言葉や表現を身に付け，経験したことや考えたことなどを言葉で伝え

たり，相手の話を注意して聞いたりし，言葉による伝え合いを楽しむように
なる。

コ　豊かな感性と表現

心を動かす出来事などに触れ感性を働かせる中で，様々な素材の特徴や表
現の仕方などに気付き，感じたことや考えたことを自分で表現したり，友達
同士で表現する過程を楽しんだりし，表現する喜びを味わい，意欲をもつよ
うになる。

（内閣府・文部科学省・厚生労働省『幼保連携型認定こども園教育・保育要
領』平成29年より）

3. 幼稚園教育の基本

幼稚園教育要領とは，教育課程を通してこれからの時代に求められる教育を実
現していくためのものである。また，よりよい学校教育を通して，よりよい社会
をつくるという理念の実現に向けて，必要となる教育課程の基準を大綱的に定め
たものである。

その際，子どもたちに求められる資質・能力とは何かを家庭や地域社会と共有
し，それらと連携する「社会に開かれた教育課程」を実施していくことが重視さ
れている。

●第1章　第1　幼稚園教育の基本

幼児期の教育は，生涯にわたる人格形成の基礎を培う重要なものであり，幼稚
園教育は，学校教育法に規定する目的及び目標を達成するため，幼児期の特性を
踏まえ，環境を通して行うものであることを基本とする。

このため教師は，幼児との信頼関係を十分に築き，幼児が身近な環境に主体的
に関わり，環境との関わり方や意味に気付き，これらを取り込もうとして，試行
錯誤したり，考えたりするようになる幼児期の教育における見方・考え方を生か
し，幼児と共によりよい教育環境を創造するように努めるものとする。これらを
踏まえ，次に示す事項を重視して教育を行わなければならない。

1　幼児は安定した情緒の下で自己を十分に発揮することにより発達に必要な
体験を得ていくものであることを考慮して，幼児の主体的な活動を促し，幼
児期にふさわしい生活が展開されるようにすること。

2　幼児の自発的な活動としての遊びは，心身の調和のとれた発達の基礎を培
う重要な学習であることを考慮して，遊びを通しての指導を中心として第2

章に示すねらいが総合的に達成されるようにすること。

 3 幼児の発達は，心身の諸側面が相互に関連し合い，多様な経過をたどって成し遂げられていくものであること，また，幼児の生活経験がそれぞれ異なることなどを考慮して，幼児一人一人の特性に応じ，発達の課題に即した指導を行うようにすること。

その際，教師は，幼児の主体的な活動が確保されるよう幼児一人一人の行動の理解と予想に基づき，計画的に環境を構成しなければならない。この場合において，教師は，幼児と人やものとの関わりが重要であることを踏まえ，教材を工夫し，物的・空間的環境を構成しなければならない。また，幼児一人一人の活動の場面に応じて，様々な役割を果たし，その活動を豊かにしなければならない。

●第1章 第2 幼稚園教育において育みたい資質・能力及び「幼児期の終わりまでに育ってほしい姿」

 1 幼稚園においては，生きる力の基礎を育むため，この章の第1に示す幼稚園教育の基本を踏まえ，次に掲げる資質・能力を一体的に育むよう努めるものとする。

 （1）豊かな体験を通じて，感じたり，気付いたり，分かったり，できるようになったりする「知識及び技能の基礎」

 （2）気付いたことや，できるようになったことなどを使い，考えたり，試したり，工夫したり，表現したりする「思考力，判断力，表現力等の基礎」

 （3）心情，意欲，態度が育つ中で，よりよい生活を営もうとする「学びに向かう力，人間性等」

 2 1に示す資質・能力は，第2章に示すねらい及び内容に基づく活動全体によって育むものである。

 3 次に示す「幼児期の終わりまでに育ってほしい姿」は，第2章に示すねらい及び内容に基づく活動全体を通して資質・能力が育まれている幼児の幼稚園修了時の具体的な姿であり，教師が指導を行う際に考慮するものである。

 （1）健康な心と体

  幼稚園生活の中で，充実感をもって自分のやりたいことに向かって心と体を十分に働かせ，見通しをもって行動し，自ら健康で安全な生活をつくり出すようになる。

 （2）自立心

  身近な環境に主体的に関わり様々な活動を楽しむ中で，しなければなら

ないことを自覚し，自分の力で行うために考えたり，工夫したりしながら，諦めずにやり遂げることで達成感を味わい，自信をもって行動するようになる。

（3）協同性

　　友達と関わる中で，互いの思いや考えなどを共有し，共通の目的の実現に向けて，考えたり，工夫したり，協力したりし，充実感をもってやり遂げるようになる。

（4）道徳性・規範意識の芽生え

　　友達と様々な体験を重ねる中で，してよいことや悪いことが分かり，自分の行動を振り返ったり，友達の気持ちに共感したりし，相手の立場に立って行動するようになる。また，きまりを守る必要性が分かり，自分の気持ちを調整し，友達と折り合いを付けながら，きまりをつくったり，守ったりするようになる。

（5）社会生活との関わり

　　家族を大切にしようとする気持ちをもつとともに，地域の身近な人と触れ合う中で，人との様々な関わり方に気付き，相手の気持ちを考えて関わり，自分が役に立つ喜びを感じ，地域に親しみをもつようになる。また，幼稚園内外の様々な環境に関わる中で，遊びや生活に必要な情報を取り入れ，情報に基づき判断したり，情報を伝え合ったり，活用したりするなど，情報を役立てながら活動するようになるとともに，公共の施設を大切に利用するなどして，社会とのつながりなどを意識するようになる。

（6）思考力の芽生え

　　身近な事象に積極的に関わる中で，物の性質や仕組みなどを感じ取ったり，気付いたりし，考えたり，予想したり，工夫したりするなど，多様な関わりを楽しむようになる。また，友達の様々な考えに触れる中で，自分と異なる考えがあることに気付き，自ら判断したり，考え直したりするなど，新しい考えを生み出す喜びを味わいながら，自分の考えをよりよいものにするようになる。

（7）自然との関わり・生命尊重

　　自然に触れて感動する体験を通して，自然の変化などを感じ取り，好奇心や探究心をもって考え言葉などで表現しながら，身近な事象への関心が高まるとともに，自然への愛情や畏敬の念をもつようになる。また，身近な動植物に心を動かされる中で，生命の不思議さや尊さに気付き，身近な動植物への接し方を考え，命あるものとしていたわり，大切にする気持ちをもって

関わるようになる。

（8）数量や図形，標識や文字などへの関心・感覚

　　遊びや生活の中で，数量や図形，標識や文字などに親しむ体験を重ねたり，標識や文字の役割に気付いたりし，自らの必要感に基づきこれらを活用し，興味や関心，感覚をもつようになる。

（9）言葉による伝え合い

　　先生や友達と心を通わせる中で，絵本や物語などに親しみながら，豊かな言葉や表現を身に付け，経験したことや考えたことなどを言葉で伝えたり，相手の話を注意して聞いたりし，言葉による伝え合いを楽しむようになる。

（10）豊かな感性と表現

　　心を動かす出来事などに触れ感性を働かせる中で，様々な素材の特徴や表現の仕方などに気付き，感じたことや考えたことを自分で表現したり，友達同士で表現する過程を楽しんだりし，表現する喜びを味わい，意欲をもつようになる。

（文部科学省『幼稚園教育要領』平成29年より）

4. 保育所保育に関する基本事項

　保育所保育指針とは，保育所保育の基本となる考え方や保育のねらい及び内容など保育の実施に関わる事項と，保育所の運営に関する事項について定めたものである。2009（平成21）年の旧保育所保育指針の施行後，2015（平成27）年4月には「子ども・子育て支援新制度」が施行され，また0〜2歳児を中心とした3歳未満児の保育所利用児童数が増加しているなど，保育をめぐる状況は大きく変化している。

　このような状況のもと，乳児保育に関する記載が増えたとともに，「幼児教育を行う施設として共有すべき事項」が加えられた。つまり，児童福祉施設としての保育所という役割だけでなく，重要な幼児教育の場でもあるということが明確に示されるようになった。

●第1章　1　保育所保育に関する基本原則（抜粋）

（2）保育の目標

　ア　保育所は，子どもが生涯にわたる人間形成にとって極めて重要な時期に，その生活時間の大半を過ごす場である。このため，保育所の保育は，子どもが現在を最も良く生き，望ましい未来をつくり出す力の基礎を培うために，

次の目標を目指して行わなければならない。

（ア）十分に養護の行き届いた環境の下に，くつろいだ雰囲気の中で子ども
　　　の様々な欲求を満たし，生命の保持及び情緒の安定を図ること。

（イ）健康，安全など生活に必要な基本的な習慣や態度を養い，心身の健康
　　　の基礎を培うこと。

（ウ）人との関わりの中で，人に対する愛情と信頼感，そして人権を大切に
　　　する心を育てるとともに，自主，自立及び協調の態度を養い，道徳性の
　　　芽生えを培うこと。

（エ）生命，自然及び社会の事象についての興味や関心を育て，それらに対
　　　する豊かな心情や思考力の芽生えを培うこと。

（オ）生活の中で，言葉への興味や関心を育て，話したり，聞いたり，相手
　　　の話を理解しようとするなど，言葉の豊かさを養うこと。

（カ）様々な体験を通して，豊かな感性や表現力を育み，創造性の芽生えを
　　　培うこと。

　イ　保育所は，入所する子どもの保護者に対し，その意向を受け止め，子ども
　　と保護者の安定した関係に配慮し，保育所の特性や保育士等の専門性を生か
　　して，その援助に当たらなければならない。

（3）保育の方法

　　　保育の目標を達成するために，保育士等は，次の事項に留意して保育しな
　　ければならない。

　ア　一人一人の子どもの状況や家庭及び地域社会での生活の実態を把握する
　　　とともに，子どもが安心感と信頼感をもって活動できるよう，子どもの主
　　　体としての思いや願いを受け止めること。

　イ　子どもの生活のリズムを大切にし，健康，安全で情緒の安定した生活が
　　　できる環境や，自己を十分に発揮できる環境を整えること。

　ウ　子どもの発達について理解し，一人一人の発達過程に応じて保育するこ
　　　と。その際，子どもの個人差に十分配慮すること。

　エ　子ども相互の関係づくりや互いに尊重する心を大切にし，集団における
　　　活動を効果あるものにするよう援助すること。

　オ　子どもが自発的・意欲的に関われるような環境を構成し，子どもの主体
　　　的な活動や子ども相互の関わりを大切にすること。特に，乳幼児期にふさ
　　　わしい体験が得られるように，生活や遊びを通して総合的に保育すること。

　カ　一人一人の保護者の状況やその意向を理解，受容し，それぞれの親子関
　　　係や家庭生活等に配慮しながら，様々な機会をとらえ，適切に援助するこ

と。

（4）保育の環境

　　保育の環境には，保育士等や子どもなどの人的環境，施設や遊具などの物的環境，更には自然や社会の事象などがある。保育所は，こうした人，物，場などの環境が相互に関連し合い，子どもの生活が豊かなものとなるよう，次の事項に留意しつつ，計画的に環境を構成し，工夫して保育しなければならない。

　ア　子ども自らが環境に関わり，自発的に活動し，様々な経験を積んでいくことができるよう配慮すること。

　イ　子どもの活動が豊かに展開されるよう，保育所の設備や環境を整え，保育所の保健的環境や安全の確保などに努めること。

　ウ　保育室は，温かな親しみとくつろぎの場となるとともに，生き生きと活動できる場となるように配慮すること。

　エ　子どもが人と関わる力を育てていくため，子ども自らが周囲の子どもや大人と関わっていくことができる環境を整えること。

●第1章　4　幼児教育を行う施設として共有すべき事項

（1）育みたい資質・能力

　ア　保育所においては，生涯にわたる生きる力の基礎を培うため，1の(2)に示す保育の目標を踏まえ，次に掲げる資質・能力を一体的に育むよう努めるものとする。

　（ア）豊かな体験を通じて，感じたり，気付いたり，分かったり，できるようになったりする「知識及び技能の基礎」

　（イ）気付いたことや，できるようになったことなどを使い，考えたり，試したり，工夫したり，表現したりする「思考力，判断力，表現力等の基礎」

　（ウ）心情，意欲，態度が育つ中で，よりよい生活を営もうとする「学びに向かう力，人間性等」

　イ　アに示す資質・能力は，第2章に示すねらい及び内容に基づく保育活動全体によって育むものである。

（2）幼児期の終わりまでに育ってほしい姿

　　次に示す「幼児期の終わりまでに育ってほしい姿」は，第2章に示すねらい及び内容に基づく保育活動全体を通して資質・能力が育まれている子

どもの小学校就学時の具体的な姿であり，保育士等が指導を行う際に考慮するものである。

ア　健康な心と体

　　保育所の生活の中で，充実感をもって自分のやりたいことに向かって心と体を十分に働かせ，見通しをもって行動し，自ら健康で安全な生活をつくり出すようになる。

イ　自立心

　　身近な環境に主体的に関わり様々な活動を楽しむ中で，しなければならないことを自覚し，自分の力で行うために考えたり，工夫したりしながら，諦めずにやり遂げることで達成感を味わい，自信をもって行動するようになる。

ウ　協同性

　　友達と関わる中で，互いの思いや考えなどを共有し，共通の目的の実現に向けて，考えたり，工夫したり，協力したりし，充実感をもってやり遂げるようになる。

エ　道徳性・規範意識の芽生え

　　友達と様々な体験を重ねる中で，してよいことや悪いことが分かり，自分の行動を振り返ったり，友達の気持ちに共感したりし，相手の立場に立って行動するようになる。また，きまりを守る必要性が分かり，自分の気持ちを調整し，友達と折り合いを付けながら，きまりをつくったり，守ったりするようになる。

オ　社会生活との関わり

　　家族を大切にしようとする気持ちをもつとともに，地域の身近な人と触れ合う中で，人との様々な関わり方に気付き，相手の気持ちを考えて関わり，自分が役に立つ喜びを感じ，地域に親しみをもつようになる。また，保育所内外の様々な環境に関わる中で，遊びや生活に必要な情報を取り入れ，情報に基づき判断したり，情報を伝え合ったり，活用したりするなど，情報を役立てながら活動するようになるとともに，公共の施設を大切に利用するなどして，社会とのつながりなどを意識するようになる。

カ　思考力の芽生え

　　身近な事象に積極的に関わる中で，物の性質や仕組みなどを感じ取ったり，気付いたりし，考えたり，予想したり，工夫したりするなど，多様な関わりを楽しむようになる。また，友達の様々な考えに触れる中で，自分と異なる考えがあることに気付き，自ら判断したり，考え直したりするな

ど，新しい考えを生み出す喜びを味わいながら，自分の考えをよりよいものにするようになる。

キ　自然との関わり・生命尊重

　　自然に触れて感動する体験を通して，自然の変化などを感じ取り，好奇心や探究心をもって考え言葉などで表現しながら，身近な事象への関心が高まるとともに，自然への愛情や畏敬の念をもつようになる。また，身近な動植物に心を動かされる中で，生命の不思議さや尊さに気付き，身近な動植物への接し方を考え，命あるものとしていたわり，大切にする気持ちをもって関わるようになる。

ク　数量や図形，標識や文字などへの関心・感覚

　　遊びや生活の中で，数量や図形，標識や文字などに親しむ体験を重ねたり，標識や文字の役割に気付いたりし，自らの必要感に基づきこれらを活用し，興味や関心，感覚をもつようになる。

ケ　言葉による伝え合い

　　保育士等や友達と心を通わせる中で，絵本や物語などに親しみながら，豊かな言葉や表現を身に付け，経験したことや考えたことなどを言葉で伝えたり，相手の話を注意して聞いたりし，言葉による伝え合いを楽しむようになる。

コ　豊かな感性と表現

　　心を動かす出来事などに触れ感性を働かせる中で，様々な素材の特徴や表現の仕方などに気付き，感じたことや考えたことを自分で表現したり，友達同士で表現する過程を楽しんだりし，表現する喜びを味わい，意欲をもつようになる。

（厚生労働省『保育所保育指針』平成29年より）

【よく見て，書こう】

　次にあげる幼保連携型認定こども園教育・保育要領，幼稚園教育要領，保育所保育指針の「保育および教育の目標」に関する事項についてあてはまる言葉を解答欄に書きましょう。

幼保連携型認定こども園 教育・保育要領	幼稚園教育要領	保育所保育指針
第1章，第1，1　幼保連携型認定こども園における教育及び保育の基本 　乳幼児期における教育及び保育は，子どもの健全な（①　　　　　）を図りつつ生涯にわたる（②　　　　　）を培う重要なものであり，幼保連携型認定こども園における教育及び保育は，就学前の子どもに関する教育，保育等の総合的な提供の推進に関する法律（以下「認定こども園法」という。）第2条第7項に規定する目的及び第9条に掲げる目標を達成するため，乳幼児期全体を通して，その（③　　　　　）及び（④　　　　　）を踏まえ，（⑤　　　　　）行うものであることを基本とし，家庭や地域での生活を含めた園児の生活全体が豊かなものとなるように努めなければならない。 　このため，（⑥　　　　　）は，園児との（⑦　　　　　）を十分に築き，園児が自ら安心して身近な環境に主体的に関わり環境との関わり方や意味に気付き，これらを取り込もうとして，試行錯誤したり，考えたりするようになる幼児期の教育における見方・考え方を生かし，その活動が豊かに展開されるよう環境を整え，園児と共によりよい教育及び保育の環境を創造するように努めるものとする。これらを踏まえ，次に示す事項を重視して教育及び保育を行わなければならない。 ～中略～ 　その際，保育教諭等は，園児の（⑧　　　　　）が確保されるよう，園児一人一人の（⑨　　　　　）に基づき，計画的に（⑩　　　　　）しなければならない。この場合において，保育教諭等は，園児と（⑪　　　　　）が重要であることを踏まえ，教材を工夫し，（⑫　　　　　）を構成しなければならない。また，園児一人一人の活動の場面に応じて，様々な役割を果たし，その活動を豊かにしなければならない。	第1章，第1　幼稚園教育の基本 　幼児期の教育は，生涯にわたる（⑬　　　　　）を培う重要なものであり， 　幼稚園教育は，学校教育法に規定する目的及び目標を達成するため，（⑭　　　　　）を踏まえ，（⑮　　　　　）行うものであることを基本とする。 　このため，（⑯　　　　　）は，幼児との（⑰　　　　　）を十分に築き，幼児が身近な環境に主体的に関わり，環境との関わり方や意味に気付き，これらを取り込もうとして，試行錯誤したり，考えたりするようになる幼児期の教育における見方・考え方を生かし，幼児と共によりよい教育環境を創造するように努めるものとする。 　これらを踏まえ，次に示す事項を重視して教育を行わなければならない。 ～中略～ 　その際，教師は，幼児の（⑱　　　　　）が確保されるよう幼児一人一人の（⑲　　　　　）に基づき，計画的に（⑳　　　　　）しなければならない。この場合において，教師は，幼児と（㉑　　　　　）が重要であることを踏まえ，教材を工夫し，（㉒　　　　　）を構成しなければならない。また，幼児一人一人の活動の場面に応じて，様々な役割を果たし，その活動を豊かにしなければならない。	第1章，1　保育所保育に関する基本原則 （2）保育の目標 ア　保育所は，子どもが生涯にわたる（㉓　　　　　）にとって極めて重要な時期に，その生活時間の大半を過ごす場である。このため，保育所の保育は，子どもが（㉔　　　　　），望ましい（㉕　　　　　）を培うために，次の目標を目指して行わなければならない。 （3）保育の方法 　保育の目標を達成するために，（㉖　　　　　）は，次の事項に留意して保育しなければならない。 ～中略～ （4）保育の環境 　保育の環境には，保育士等や子どもなどの（㉗　　　　　）環境，施設や遊具などの（㉘　　　　　）環境，更には（㉙　　　　　）の事象などがある。保育所は，こうした人，物，場などの環境が相互に関連し合い，子どもの生活が豊かなものとなるよう，次の事項に留意しつつ，（㉚　　　　　）に環境を構成し，工夫して保育しなければならない。

[解答欄]

幼保連携型認定こども園 教育・保育要領	幼稚園教育要領	保育所保育指針
①		
②	⑬	㉓
③		㉔
④	⑭	㉕
⑤	⑮	
⑥	⑯	㉖
⑦	⑰	
⑧	⑱	
⑨	⑲	㉗
⑩	⑳	㉘
⑪	㉑	㉙
⑫	㉒	㉚

第2章

領域「環境」の意義
―ねらいと内容―

1. 認定こども園・幼稚園・保育所の領域「環境」

　5つの領域で示されている「ねらい」では、乳幼児期に育つことが期待される生きる力の基礎となる「心情・意欲・態度」などを育むことが意図されている。つまり、認定こども園・幼稚園・保育所において育みたい「資質・能力」を子どもの姿から捉えたものである。「内容」とは、「ねらい」を達成するために保育者が指導していく項目を示している。保育において、とくに重要なのは、子どもが自分でやりたいことを見つけ、やり方も決められるような環境を保障していくことだろう。

　たとえば、園外活動で芋掘りに行ったとしよう。

　3歳児であれば、芋の形や色に関心をもち、人形や動物に見立ててごっこ遊びを始めるかもしれない。また、保育者に「見て見て！　ハートの形しているよ」などと感じたことを保育者に伝えてくる子どももいるだろう。4歳や5歳児になれば、掘った芋の形だけでなく、大きさや重さに関心をもち、重い順や大きい順に並べたり、友達が掘った芋と比較したりする場面が見られるようになる。さらに、芋の数を数える子どもがいたり、ほかの玩具との重量比べをしたりするかもしれない。

　こうした子どもの姿は、保育所保育指針で示せば、3歳以上児の保育に関するねらい及び内容の（ア）ねらい「③身近な事象を見たり、考えたり、扱ったりする中で、物の性質や数量、文字などに対する感覚を豊かにする」に相当する。数量や図形に関わる遊びは、言葉と同じように、思考力を養うことができる。

しかし，発達の特徴から，領域「言葉」ではなく，領域「環境」の内容として扱われている。それは，先ほどの芋掘りの事例のように，自分で掘った芋の数，大きさ，形などを比べることが遊びそのものとなったり，さらにスタンプづくりやお絵描き，ごっこ遊び，食育など，さまざまな遊びに発展していくからである。こうした活動を通して子どもたちは，数量や図形に対する興味や関心，またそのものに対する感覚を具体的な事物を通じて学んでいく。

● 「幼保連携型認定こども園教育・保育要領」における環境に関わる内容（抜粋）

第1　乳児期の園児の保育に関するねらい及び内容

身近なものと関わり感性が育つ

〔身近な環境に興味や好奇心をもって関わり，感じたことや考えたことを表現する力の基盤を培う。〕

　1　ねらい

　（1）身の回りのものに親しみ，様々なものに興味や関心をもつ。

　（2）見る，触れる，探索するなど，身近な環境に自分から関わろうとする。

　（3）身体の諸感覚による認識が豊かになり，表情や手足，体の動き等で表現する。

　2　内容

　（1）身近な生活用具，玩具や絵本などが用意された中で，身の回りのものに対する興味や好奇心をもつ。

　（2）生活や遊びの中で様々なものに触れ，音，形，色，手触りなどに気付き，感覚の働きを豊かにする。

　（3）保育教諭等と一緒に様々な色彩や形のものや絵本などを見る。

　（4）玩具や身の回りのものを，つまむ，つかむ，たたく，引っ張るなど，手や指を使って遊ぶ。

　（5）保育教諭等のあやし遊びに機嫌よく応じたり，歌やリズムに合わせて手足や体を動かして楽しんだりする。

　3　内容の取扱い

　　　上記の取扱いに当たっては，次の事項に留意する必要がある。

　（1）玩具などは，音質，形，色，大きさなど園児の発達状態に応じて適切なものを選び，その時々の園児の興味や関心を踏まえるなど，遊びを通して感覚の発達が促されるものとなるように工夫すること。なお，安全な環境の下で，園児が探索意欲を満たして自由に遊べるよう，身の回りのものについては常に十分な点検を行うこと。

（2）乳児期においては，表情，発声，体の動きなどで，感情を表現すること
　　が多いことから，これらの表現しようとする意欲を積極的に受け止めて，
　　園児が様々な活動を楽しむことを通して表現が豊かになるようにすること。

第2　満1歳以上満3歳未満の園児の保育に関するねらい及び内容
環境
〔周囲の様々な環境に好奇心や探究心をもって関わり，それらを生活に取り入れ
ていこうとする力を養う。〕
　1　ねらい
　（1）身近な環境に親しみ，触れ合う中で，様々なものに興味や関心をもつ。
　（2）様々なものに関わる中で，発見を楽しんだり，考えたりしようとする。
　（3）見る，聞く，触るなどの経験を通して，感覚の働きを豊かにする。
　2　内容
　（1）安全で活動しやすい環境での探索活動等を通して，見る，聞く，触れ
　　　る，嗅ぐ，味わうなどの感覚の働きを豊かにする。
　（2）玩具，絵本，遊具などに興味をもち，それらを使った遊びを楽しむ。
　（3）身の回りの物に触れる中で，形，色，大きさ，量などの物の性質や仕
　　　組みに気付く。
　（4）自分の物と人の物の区別や，場所的感覚など，環境を捉える感覚が育
　　　つ。
　（5）身近な生き物に気付き，親しみをもつ。
　（6）近隣の生活や季節の行事などに興味や関心をもつ。
　3　内容の取扱い
　　上記の取扱いに当たっては，次の事項に留意する必要がある。
　（1）玩具などは，音質，形，色，大きさなど園児の発達状態に応じて適切
　　　なものを選び，遊びを通して感覚の発達が促されるように工夫すること。
　（2）身近な生き物との関わりについては，園児が命を感じ，生命の尊さに
　　　気付く経験へとつながるものであることから，そうした気付きを促すよ
　　　うな関わりとなるようにすること。
　（3）地域の生活や季節の行事などに触れる際には，社会とのつながりや地
　　　域社会の文化への気付きにつながるものとなることが望ましいこと。そ
　　　の際，幼保連携型認定こども園内外の行事や地域の人々との触れ合いな
　　　どを通して行うこと等も考慮すること。

第3 満3歳以上の園児の教育及び保育に関するねらい及び内容

環境

〔周囲の様々な環境に好奇心や探究心をもって関わり，それらを生活に取り入れていこうとする力を養う。〕

1 ねらい

（1）身近な環境に親しみ，自然と触れ合う中で様々な事象に興味や関心をもつ。

（2）身近な環境に自分から関わり，発見を楽しんだり，考えたりし，それを生活に取り入れようとする。

（3）身近な事象を見たり，考えたり，扱ったりする中で，物の性質や数量，文字などに対する感覚を豊かにする。

2 内容

（1）自然に触れて生活し，その大きさ，美しさ，不思議さなどに気付く。

（2）生活の中で，様々な物に触れ，その性質や仕組みに興味や関心をもつ。

（3）季節により自然や人間の生活に変化のあることに気付く。

（4）自然などの身近な事象に関心をもち，取り入れて遊ぶ。

（5）身近な動植物に親しみをもって接し，生命の尊さに気付き，いたわったり，大切にしたりする。

（6）日常生活の中で，我が国や地域社会における様々な文化や伝統に親しむ。

（7）身近な物を大切にする。

（8）身近な物や遊具に興味をもって関わり，自分なりに比べたり，関連付けたりしながら考えたり，試したりして工夫して遊ぶ。

（9）日常生活の中で数量や図形などに関心をもつ。

（10）日常生活の中で簡単な標識や文字などに関心をもつ。

（11）生活に関係の深い情報や施設などに興味や関心をもつ。

（12）幼保連携型認定こども園内外の行事において国旗に親しむ。

3 内容の取扱い

上記の取扱いに当たっては，次の事項に留意する必要がある。

（1）園児が，遊びの中で周囲の環境と関わり，次第に周囲の世界に好奇心を抱き，その意味や操作の仕方に関心をもち，物事の法則性に気付き，自分なりに考えることができるようになる過程を大切にすること。また，他の園児の考えなどに触れて新しい考えを生み出す喜びや楽しさを味わい，自分の考えをよりよいものにしようとする気持ちが育つようにする

こと。

（2）幼児期において自然のもつ意味は大きく，自然の大きさ，美しさ，不思議さなどに直接触れる体験を通して，園児の心が安らぎ，豊かな感情，好奇心，思考力，表現力の基礎が培われることを踏まえ，園児が自然との関わりを深めることができるよう工夫すること。

（3）身近な事象や動植物に対する感動を伝え合い，共感し合うことなどを通して自分から関わろうとする意欲を育てるとともに，様々な関わり方を通してそれらに対する親しみや畏敬の念，生命を大切にする気持ち，公共心，探究心などが養われるようにすること。

（4）文化や伝統に親しむ際には，正月や節句など我が国の伝統的な行事，国歌，唱歌，わらべうたや我が国の伝統的な遊びに親しんだり，異なる文化に触れる活動に親しんだりすることを通じて，社会とのつながりの意識や国際理解の意識の芽生えなどが養われるようにすること。

（5）数量や文字などに関しては，日常生活の中で園児自身の必要感に基づく体験を大切にし，数量や文字などに関する興味や関心，感覚が養われるようにすること。

● 「幼稚園教育要領」における環境に関わる内容（抜粋）

環境

〔周囲の様々な環境に好奇心や探究心をもって関わり，それらを生活に取り入れていこうとする力を養う。〕

1　ねらい

（1）身近な環境に親しみ，自然と触れ合う中で様々な事象に興味や関心をもつ。

（2）身近な環境に自分から関わり，発見を楽しんだり，考えたりし，それを生活に取り入れようとする。

（3）身近な事象を見たり，考えたり，扱ったりする中で，物の性質や数量，文字などに対する感覚を豊かにする。

2　内容

（1）自然に触れて生活し，その大きさ，美しさ，不思議さなどに気付く。

（2）生活の中で，様々な物に触れ，その性質や仕組みに興味や関心をもつ。

（3）季節により自然や人間の生活に変化のあることに気付く。

（4）自然などの身近な事象に関心をもち，取り入れて遊ぶ。

（5）身近な動植物に親しみをもって接し，生命の尊さに気付き，いたわっ

たり，大切にしたりする。

（6）日常生活の中で，我が国や地域社会における様々な文化や伝統に親しむ。

（7）身近な物を大切にする。

（8）身近な物や遊具に興味をもって関わり，自分なりに比べたり，関連付けたりしながら考えたり，試したりして工夫して遊ぶ。

（9）日常生活の中で数量や図形などに関心をもつ。

（10）日常生活の中で簡単な標識や文字などに関心をもつ。

（11）生活に関係の深い情報や施設などに興味や関心をもつ。

（12）幼稚園内外の行事において国旗に親しむ。

3　内容の取扱い

上記の取扱いに当たっては，次の事項に留意する必要がある。

（1）幼児が，遊びの中で周囲の環境と関わり，次第に周囲の世界に好奇心を抱き，その意味や操作の仕方に関心をもち，物事の法則性に気付き，自分なりに考えることができるようになる過程を大切にすること。また，他の幼児の考えなどに触れて新しい考えを生み出す喜びや楽しさを味わい，自分の考えをよりよいものにしようとする気持ちが育つようにすること。

（2）幼児期において自然のもつ意味は大きく，自然の大きさ，美しさ，不思議さなどに直接触れる体験を通して，幼児の心が安らぎ，豊かな感情，好奇心，思考力，表現力の基礎が培われることを踏まえ，幼児が自然との関わりを深めることができるよう工夫すること。

（3）身近な事象や動植物に対する感動を伝え合い，共感し合うことなどを通して自分から関わろうとする意欲を育てるとともに，様々な関わり方を通してそれらに対する親しみや畏敬の念，生命を大切にする気持ち，公共心，探究心などが養われるようにすること。

（4）文化や伝統に親しむ際には，正月や節句など我が国の伝統的な行事，国歌，唱歌，わらべうたや我が国の伝統的な遊びに親しんだり，異なる文化に触れる活動に親しんだりすることを通じて，社会とのつながりの意識や国際理解の意識の芽生えなどが養われるようにすること。

（5）数量や文字などに関しては，日常生活の中で幼児自身の必要感に基づく体験を大切にし，数量や文字などに関する興味や関心，感覚が養われるようにすること。

● 「保育所保育指針」における環境に関わる内容（抜粋）

1　乳児保育に関わるねらい及び内容

（２）ねらい及び内容

　ウ　身近なものと関わり感性が育つ

　　　身近な環境に興味や好奇心をもって関わり，感じたことや考えたことを表現する力の基盤を培う。

　（ア）ねらい

　　①　身の回りのものに親しみ，様々なものに興味や関心をもつ。

　　②　見る，触れる，探索するなど，身近な環境に自分から関わろうとする。

　　③　身体の諸感覚による認識が豊かになり，表情や手足，体の動き等で表現する。

　（イ）内容

　　①　身近な生活用具，玩具や絵本などが用意された中で，身の回りのものに対する興味や好奇心をもつ。

　　②　生活や遊びの中で様々なものに触れ，音，形，色，手触りなどに気付き，感覚の働きを豊かにする。

　　③　保育士等と一緒に様々な色彩や形のものや絵本などを見る。

　　④　玩具や身の回りのものを，つまむ，つかむ，たたく，引っ張るなど，手や指を使って遊ぶ。

　　⑤　保育士等のあやし遊びに機嫌よく応じたり，歌やリズムに合わせて手足や体を動かして楽しんだりする。

　（ウ）内容の取扱い

　　　　上記の取扱いに当たっては，次の事項に留意する必要がある。

　　①　玩具などは，音質，形，色，大きさなど子どもの発達状態に応じて適切なものを選び，その時々の子どもの興味や関心を踏まえるなど，遊びを通して感覚の発達が促されるものとなるように工夫すること。なお，安全な環境の下で，子どもが探索意欲を満たして自由に遊べるよう，身の回りのものについては，常に十分な点検を行うこと。

　　②　乳児期においては，表情，発声，体の動きなどで，感情を表現することが多いことから，これらの表現しようとする意欲を積極的に受け止めて，子どもが様々な活動を楽しむことを通して表現が豊かになるようにすること。

2　1歳以上3歳未満児の保育に関わるねらい及び内容

（2）ねらい及び内容

　ウ　環境

　　　周囲の様々な環境に好奇心や探究心をもって関わり，それらを生活に取り入れていこうとする力を養う。

　（ア）ねらい

　　①　身近な環境に親しみ，触れ合う中で，様々なものに興味や関心をもつ。

　　②　様々なものに関わる中で，発見を楽しんだり，考えたりしようとする。

　　③　見る，聞く，触るなどの経験を通して，感覚の働きを豊かにする。

　（イ）内容

　　①　安全で活動しやすい環境での探索活動等を通して，見る，聞く，触れる，嗅ぐ，味わうなどの感覚の働きを豊かにする。

　　②　玩具，絵本，遊具などに興味をもち，それらを使った遊びを楽しむ。

　　③　身の回りの物に触れる中で，形，色，大きさ，量などの物の性質や仕組みに気付く。

　　④　自分の物と人の物の区別や，場所的感覚など，環境を捉える感覚が育つ。

　　⑤　身近な生き物に気付き，親しみをもつ。

　　⑥　近隣の生活や季節の行事などに興味や関心をもつ。

　（ウ）内容の取扱い

　　　上記の取扱いに当たっては，次の事項に留意する必要がある。

　　①　玩具などは，音質，形，色，大きさなど子どもの発達状態に応じて適切なものを選び，遊びを通して感覚の発達が促されるように工夫すること。

　　②　身近な生き物との関わりについては，子どもが命を感じ，生命の尊さに気付く経験へとつながるものであることから，そうした気付きを促すような関わりとなるようにすること。

　　③　地域の生活や季節の行事などに触れる際には，社会とのつながりや地域社会の文化への気付きにつながるものとなることが望ましいこと。その際，保育所内外の行事や地域の人々との触れ合いなどを通して行うこと等も考慮すること。

3　3歳以上児の保育に関するねらい及び内容

（2）ねらい及び内容

　ウ　環境

　　　周囲の様々な環境に好奇心や探究心をもって関わり，それらを生活に取り

入れていこうとする力を養う。

（ア）ねらい

① 身近な環境に親しみ，自然と触れ合う中で様々な事象に興味や関心をもつ。

② 身近な環境に自分から関わり，発見を楽しんだり，考えたりし，それを生活に取り入れようとする。

③ 身近な事象を見たり，考えたり，扱ったりする中で，物の性質や数量，文字などに対する感覚を豊かにする。

（イ）内容

① 自然に触れて生活し，その大きさ，美しさ，不思議さなどに気付く。

② 生活の中で，様々な物に触れ，その性質や仕組みに興味や関心をもつ。

③ 季節により自然や人間の生活に変化のあることに気付く。

④ 自然などの身近な事象に関心をもち，取り入れて遊ぶ。

⑤ 身近な動植物に親しみをもって接し，生命の尊さに気付き，いたわったり，大切にしたりする。

⑥ 日常生活の中で，我が国や地域社会における様々な文化や伝統に親しむ。

⑦ 身近な物を大切にする。

⑧ 身近な物や遊具に興味をもって関わり，自分なりに比べたり，関連付けたりしながら考えたり，試したりして工夫して遊ぶ。

⑨ 日常生活の中で数量や図形などに関心をもつ。

⑩ 日常生活の中で簡単な標識や文字などに関心をもつ。

⑪ 生活に関係の深い情報や施設などに興味や関心をもつ。

⑫ 保育所内外の行事において国旗に親しむ。

（ウ）内容の取扱い

上記の取扱いに当たっては，次の事項に留意する必要がある。

① 子どもが，遊びの中で周囲の環境と関わり，次第に周囲の世界に好奇心を抱き，その意味や操作の仕方に関心をもち，物事の法則性に気付き，自分なりに考えることができるようになる過程を大切にすること。また，他の子どもの考えなどに触れて新しい考えを生み出す喜びや楽しさを味わい，自分の考えをよりよいものにしようとする気持ちが育つようにすること。

② 幼児期において自然のもつ意味は大きく，自然の大きさ，美しさ，不思議さなどに直接触れる体験を通して，子どもの心が安らぎ，豊かな感情，好奇心，思考力，表現力の基礎が培われることを踏まえ，子どもが自然との関わりを深めることができるよう工夫すること。

③　身近な事象や動植物に対する感動を伝え合い，共感し合うことなどを通して自分から関わろうとする意欲を育てるとともに，様々な関わり方を通してそれらに対する親しみや畏敬の念，生命を大切にする気持ち，公共心，探究心などが養われるようにすること。

④　文化や伝統に親しむ際には，正月や節句など我が国の伝統的な行事，国歌，唱歌，わらべうたや我が国の伝統的な遊びに親しんだり，異なる文化に触れる活動に親しんだりすることを通じて，社会とのつながりの意識や国際理解の意識の芽生えなどが養われるようにすること。

⑤　数量や文字などに関しては，日常生活の中で子ども自身の必要感に基づく体験を大切にし，数量や文字などに関する興味や関心，感覚が養われるようにすること。

2. 子どもと「環境」との関わり
―保育内容のもつ意味とは何か―

　乳幼児期の子どもを取り巻く「環境」を考えたとき，その子どもを中心に楕円状に広がっていくことはイメージできるだろう。発達心理学者であるブロンフェンブレンナー（Bronfenbrenner, U.）は，子どもを包み込む4つの環境システム（マイクロシステム・メゾシステム・エクソシステム・マクロシステム）を提示し，それらの「環境」が子どもの育ちに影響を与え，相互に関係しあいながら，子どもが発達していく「生態学的システム理論」をうちだした（図1）。

　この理論から学べることは，子どもの発達にとってよりよい「環境」をつくり出すために，親とともに，保育者をはじめとする地域コミュニティの大人たちからの意味のある関わりが重要であるということである。そのため，子どもが通う保育所や幼稚園，認定こども園などにおいては，保育・教育の「ねらい」を達成するために，保育者が行うべ

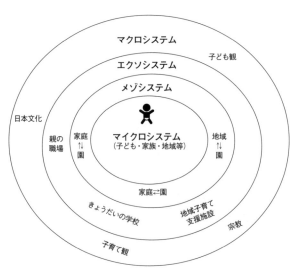

▲図1　子どもを取り巻く4つの環境システム
（ブロンフェンブレンナー（1996）のモデルをもとに筆者作成）

き子どもに対する具体的な働きかけ，すなわち保育内容が大切になる。このこと
を以下の連絡帳の事例をもとに，具体的に考えてみることにしよう。

事例

ある日の連絡帳から

2歳児クラス4月の連絡帳より

　2歳児クラスに進級し，いろいろなことに意欲的に取り組むようになっ
てきました。この日は，園庭で3歳児の子どもたちが，両端で縄跳びをも
ち，順番に跳び越える遊びをしていました。リョウくんもやってみたいと
思ったのでしょうね。その場でぴょんぴょん跳びはねて「僕も跳べるよ」
と保育者に教えてくれました。その後，ほかの縄跳びをもってきて，ズリ
ズリと引きずりながら遊ぶ姿が見られました。何かに引っかけたり，お友
達が引っかかりケガになりそうだったので，リョウくんにそのことをお話
ししました。本人も納得し，その遊びは終わりにしました。

　今日の遊びを見ていて，リョウくんも自分で遊びを考えたり，試したり
するようになったのだなあと感心しました。その後は，気持ちを切り替え，
お友達や保育者と追いかけごっこを楽しんでいました。

自分より年上の園児が楽しく縄跳びで遊ぶ姿を見て，リョウは自分でもできることは何かを考えている。その結果，その場でぴょんぴょんと跳びはねたのである。このことを知っていた保育者は，縄跳びを引きずりながら遊んでいたリョウの姿を見て，その子どもの思いを受け止めながら，リョウの成長を認めつつ，危険であることを子ども自身に伝え，次の遊びへとつなげていた。

　この事例では，思考力や創意工夫をしていた子どもの願いを保育者が認めていたからこそ，リョウも納得し，気持ちの切り替えができたと考察することができる。つまり探究心をもって取り組む領域「環境」の内容が，自分なりの「表現」に結びつき，保育者とのやりとりである「人間関係」とも関連しあい，安全な環境のなかでリョウが安心して活動する姿に至っている。

　保育内容と保育環境は密接に関係する。そのため，保育をしていくうえで，子どもたちが主体的に遊べる環境を考えていくことが，保育者の重要な役割の一つとなる。園庭や遊具，動物，植物などの物的環境だけでなく，保育者や友達といった人的環境も含めた子どもをとりまくすべてが，子どもにとっての「環境」となる。このことからも，日々の保育内容を考えていくなかで，「子どもたちの成長や発達にとってどのような環境を設定したらよいのか」「いま，目の前の子どもに対して，どのような関わりが求められるのか」を常に意識し，保育内容と環境設定を考えていきたい。

【よく見て，書こう】

（1）次にあげる幼保連携型認定こども園教育・保育要領，幼稚園教育要領，保育所保育指針の領域「環境」における「ねらい」および「内容」に関する事項についてあてはまる言葉を解答欄に書きましょう。

①満3歳以上の子どもの領域「環境」

幼保連携型認定こども園 教育・保育要領	幼稚園教育要領	保育所保育指針
ねらい （1）身近な環境に（①＿＿＿＿＿），（②＿＿＿＿＿）と触れ合う中で様々な事象に興味や関心をもつ。 （2）身近な環境に（③＿＿＿＿＿），発見を楽しんだり，考えたりし，それを（④＿＿＿＿＿）とする。 （3）身近な事象を見たり，考えたり，扱ったりする中で，（⑤＿＿＿＿＿）や（⑥＿＿＿＿＿）などに対する感覚を豊かにする。		

内容
（1）自然に触れて生活し，その（⑦＿＿＿＿＿），（⑧＿＿＿＿＿），（⑨＿＿＿＿＿）などに気付く。
（2）生活の中で，様々な物に触れ，その（⑩＿＿＿＿＿）に興味や関心をもつ。
（3）（⑪＿＿＿＿＿）により自然や人間の（⑫＿＿＿＿＿）のあることに気付く。
（4）自然などの（⑬＿＿＿＿＿）に関心をもち，（⑭＿＿＿＿＿）遊ぶ。
（5）身近な（⑮＿＿＿＿＿）に親しみをもって接し，（⑯＿＿＿＿＿）に気付き，いたわったり，大切にしたりする。
（6）日常生活の中で，（⑰＿＿＿＿＿）や（⑱＿＿＿＿＿）における様々な（⑲＿＿＿＿＿）に親しむ。
（7）身近な（⑳＿＿＿＿＿）にする。
（8）身近な物や遊具に興味をもって関わり，自分なりに（㉑＿＿＿＿＿），（㉒＿＿＿＿＿）しながら（㉓＿＿＿＿＿），
（㉔＿＿＿＿＿）して工夫して遊ぶ。
（9）日常生活の中で（㉕＿＿＿＿＿）などに関心をもつ。
（10）日常生活の中で簡単な（㉖＿＿＿＿＿）などに関心をもつ。
（11）生活に関係の深い（㉗＿＿＿＿＿）などに興味や関心をもつ。

（12）（㉘＿＿＿＿＿）内外の行事において国旗に親しむ。	（12）（㉙＿＿＿＿＿）内外の行事において国旗に親しむ。	⑫（㉚＿＿＿＿＿）内外の行事において国旗に親しむ。

［①満３歳以上の子どもの領域「環境」解答欄］

①	⑪	㉑
②	⑫	㉒
③	⑬	㉓
④	⑭	㉔
⑤	⑮	㉕
⑥	⑯	㉖
⑦	⑰	㉗
⑧	⑱	㉘
⑨	⑲	㉙
⑩	⑳	㉚

②満１歳以上満３歳未満の子どもの領域「環境」

幼保連携型認定こども園教育・保育要領	保育所保育指針
ねらい （1）（① ＿＿＿＿＿＿）に親しみ，触れ合う中で，様々なものに興味や関心をもつ。 （2）様々なものに（② ＿＿＿＿＿＿）中で，（③ ＿＿＿＿＿＿）を楽しんだり，考えたりしようとする。 （3）見る，聞く，触るなどの経験を通して，（④ ＿＿＿＿＿＿）を豊かにする。	
内容 （1）（⑤ ＿＿＿＿＿）で（⑥ ＿＿＿＿＿＿）しやすい環境での探索活動等を通して，（⑦ ＿＿＿＿＿＿），（⑧ ＿＿＿＿＿＿）， 　　　（⑨ ＿＿＿＿＿），（⑩ ＿＿＿＿＿），（⑪ ＿＿＿＿＿）などの感覚の働きを豊かにする。 （2）（⑫ ＿＿＿＿＿），（⑬ ＿＿＿＿＿），（⑭ ＿＿＿＿＿）などに興味をもち，それらを使った遊びを楽しむ。 （3）身の回りの物に触れる中で，形，色，大きさ，量などの物の（⑮ ＿＿＿＿＿＿）や（⑯ ＿＿＿＿＿＿）に気付く。 （4）自分の物と人の物の（⑰ ＿＿＿＿＿）や，（⑱ ＿＿＿＿＿）など，（⑲ ＿＿＿＿＿＿）感覚が育つ。 （5）身近な（⑳ ＿＿＿＿＿＿）に気付き，親しみをもつ。 （6）（㉑ ＿＿＿＿＿）や（㉒ ＿＿＿＿＿）などに興味や関心をもつ。	

［②満１歳以上満３歳未満の子どもの領域「環境」解答欄］

①	⑨	⑰
②	⑩	⑱
③	⑪	⑲
④	⑫	⑳
⑤	⑬	㉑
⑥	⑭	㉒
⑦	⑮	
⑧	⑯	

（2）次にあげる幼保連携型認定こども園教育・保育要領の乳児期の園児の保育
　　および保育所保育指針の乳児保育に関わる精神的発達に対する視点「身近な
　　ものと関わり感性が育つ」に関する事項についてあてはまる言葉を解答欄に
　　書きましょう。

乳児の保育に関する精神的発達に対する視点「身近なものと関わり感性が育つ」

幼保連携型認定こども園教育・保育要領	保育所保育指針
ねらい ①（①　　　　　）に親しみ，様々なものに興味や関心をもつ。 ②見る，触れる，探索するなど，身近な環境に（②　　　　　）とする。 ③身体の諸感覚による（③　　　　　）が豊かになり，表情や手足，体の動き等で（④　　　　　）する。	
内容 ①身近な（⑤　　　　　），（⑥　　　　　）や（⑦　　　　　）などが用意された中で，身の回りのものに対する興味や 　（⑧　　　　　）をもつ。 ②生活や遊びの中で様々なものに触れ，音，形，色，手触りなどに気付き，（⑨　　　　　）を豊かにする。 ③保育教諭等（保育士等）と一緒に様々な（⑩　　　　　）や（⑪　　　　　）のものや（⑫　　　　　）などを見る。 ④玩具や身の回りのものを，つまむ，つかむ，たたく，引っ張るなど，（⑬　　　　　）や（⑭　　　　　）を使って遊 　ぶ。 ⑤保育教諭等（保育士等）の（⑮　　　　　）に機嫌よく応じたり，（⑯　　　　　）や（⑰　　　　　）に合わせて手 足や体を動かして楽しんだりする。	

［乳児の保育に関する精神的発達に対する視点「身近なものと関わり感性が育つ」解答欄］

①	⑦	⑬
②	⑧	⑭
③	⑨	⑮
④	⑩	⑯
⑤	⑪	⑰
⑥	⑫	

第3章

人的環境との関わり
―保育者の役割―

1. 子どもを取り巻くさまざまな環境

　子どもは生まれて，さまざまな環境と出会い，ともに過ごして育っている。そして，子どもはその環境に出会うと，相互で関わりあい，影響しあって，変わったり新しくなったりしながら自分の生活のなかに取り込ませている。

　それら環境を構造化してみると，2区分5分類に分けることができる（表1）。まず区分としては，「自然的環境（地球としてのありのままの状態）」と「社会的環境（人為的につくられた状態）」がある。自然的環境には，生物的環境と非生物的環境，社会的環境としては，人的環境・物質的環境・文化的環境があげられる。

　太古の時代であれば，自然的環境が生活の基盤であり，ヒトが自然からの影響を大きく受けながら適応できるように，社会的環境を整えて生活していた。しか

▼表1　環境における区分と分類

区分	分類	具体例
自然的環境	生物的環境	森林，植物，動物（小動物），微生物など
	非生物的環境	土，石，山，川，海，生活空間，大気，天候，季節，天体，宇宙など
社会的環境	人的環境	家族，保育者，友だち，近隣の住民，地域社会，国際社会など
	物質的環境	衣服，道具，教材，施設，遊具・玩具，生活用品，交通機関など
	文化的環境	児童文化財，生活様式，遊び，芸術，制度，家電，雰囲気，交通インフラなど

（腰山豊「秋田大学教育学部教育工学研究報告第12号（1990）」より筆者が一部抜粋，加筆）

し，ヒトは培ってきた知識と技能を使い文明を築きあげていくなかで，自然的環境との共存の姿が変わってきた。ヒトが自然へ影響を与え，それは地球規模で自然的環境に問題を生じさせてきているのが，近年の状況である。

そうはいっても子どもは，今を生きる存在であり，今ある環境でしか生きていくことはできない。また，子ども自身の行動圏，生活圏を抜きに考えることも難しい。しかし，子どもにとって「今」とは「身近である」ことであろう。身近である環境は，空間上の距離として近いことでも，時間上経過しているかどうかということでもなく，「その子ども」にとって，関係をもち意義をもっている限り，身近であるといえるのではないだろうか。例えば，大昔で生きている姿を見ることができない恐竜や太古の生物であっても，恐竜や化石に興味をもって知りたいと思っている子どもにとっては，身近な環境なのである。

幼稚園，保育所，認定こども園など，子どもが生活する場においては，幼稚園教育要領，保育所保育指針などから，人的環境，物的環境，自然環境，社会的環境の4つに分けられる（表2）。登園してから降園するまでの時間は限られているものの，日常的に関わる場合や特定の時期，特定の時間のみ関わる場合と多様であるが，子どもと深い関わりをもち，子ども自身がイメージしやすくなっているものは，身近な環境といえるだろう。

▼表2　幼稚園，保育所，認定こども園における環境の構成

構成	具体例
人的環境	家族，保育者，園長，保育者以外の職員，友達，友達の家族，園医など
物的環境	施設，用具，教具，教材，遊具・玩具，施設，設備，生活用品，園バスなど
自然環境	泥，土，水，石，砂，季節の変化，天候，大気，樹木，植物，小動物（哺乳類，鳥類，爬虫類，魚類），昆虫など
社会的環境	近隣の住民，ボランティア，公共交通機関，公共や民間施設，地域の行事（祭りやイベント）など

2. 子どもが出会う人的環境

家庭を離れて集団生活を送る「生活の場」となる幼稚園，保育所，認定こども園であるが，家庭と同じまたはそれより多い時間をともに過ごす子どももいるため，子どもは出会う人と関わることで大きく影響を受けていくことになる。また，子ども自らも出会う人への関わりを通して影響をおよぼしていくこととなる。このような人的環境と呼ばれる存在は，実際の園生活をイメージすると思いつきやすい。

朝，子どもが保護者（家族）などとともに登園すると，保育者や園長が挨拶をして出迎えるとともに，通園するさまざまな年齢の友達に出会って挨拶を交わす。バスで通園する場合は，バスの運転手と同乗している保育者に出会うこともある。好きな遊びのタイミングでは，同じ年齢や同じ学級の友達や担任保育者，ほかの年齢の友達，担任と異なる保育者と遊ぶ。集まって活動するような場合は，同じ学級や年齢で集まり，担任保育者の話を聞くなどする。行事や特別な出来事がある場合は，担任と異なる保育者や園内のほかの教職員と関わる，地域の住民がボランティアとして園内活動に参加して関わる，子どもの診察のために園を訪れている園医と関わる。昼食やおやつでは調理員や栄養士と関わる。降園の時間になってくると，友達の保護者（家族）を見かけると声をかけて担任保育者やその子に迎えがきたことを告げる。降園では，保育者や友達に挨拶を交わす。このように，「人」が関わらない時間はほぼないといってもよい。

　では，具体的に人的環境である保育者および園内で関わる職員，子ども，地域の人々に分けて詳しく述べていきたい。

（1）保育者および園内で関わる職員

　子どもにとっての保育者は，保護者の次に身近な存在といっても過言ではない。家庭生活から一歩踏み出して，子ども集団のなかに入っていくときには年齢問わず，安心できる居場所が必要となる。それが，人的環境としての保育者の存在である。

事例

乳児室でのおままごとあそび

0歳児

　12月のある日の午前中，保育室でノドカちゃん（1歳6か月）は床に座り，プラスチック製の食器やチェーン，食べ物の玩具を使ってままごとをして遊んでいた。保育者がそばに行くと，お椀にチェーンを入れ，お椀を見つめて「メンメン，チュルチュルー」と言っていた。保育者は真向かいに座り，「おいしそうなメンだね」と言葉をかけると，ノドカちゃんは顔をあげた。そして，チェーンを入れたお椀をもち，保育者に「ドージョ」と手渡す。保育者は「ありがとう」と言ってから，そのお椀を受け取り，食べるまねをしたあと，「ごちそうさま，おいしかったよ」と答えて，お椀をまた返した。すると，今度は自分が食べるまねをして，「オー

シィー」と言う。保育者もベビーサインで「おいしいね」を示すと，にこにこ笑顔で声をあげて笑い，同じ行動を繰り返した。

　保育所や認定こども園では，0歳児から入園（所）することができる。4月から保育の場で生活していく0歳児にとって，それまでの家庭での生活から大きく変化が起こる。生活の場，過ごす時間の流れ，一緒に過ごす人，生活の場にあるもの，あらゆる生活環境，生活リズムが変わる。このような変化が大きい場合であっても，食事や排せつ，衣類の着脱など，すべてにおいて支援を必要としている。保護者に代わって養育者としての存在が必要となり，人的環境として保育者が関わっていくこととなる。

　そして，とくに必要なものが「愛着の形成」である。この場合，保育者は，まず子どもと目を合わせ，温かい笑顔で抱っこしながら，養育者として生活面の援助を継続していく。日々の生活の繰り返しのなかで，子どもは保育者を信頼できる他者と感じるようになっていく。遊びのなかにおいても，子どもと視線を交わし，言葉をかけながら，遊びの共有を重ねることが求められる。温かい関係性を築くことができれば，子ども自身から遊んでいて，うれしいことや楽しいことがあれば，保育者に笑顔で近づきスキンシップを求める，眠いけれどうまく一人で寝つけず気持ちが整わないときも，保育者に抱っこをされると，その揺れと温もりを感じて眠り始めるなど，安心できる人的環境として認識し，愛着の形成につなげていけるだろう。

　保育者は，保育の場で子どもの示す，さまざまな行動や欲求に適切に応答し，信頼関係を築く存在であることを意識して，子どもに愛情をもって接することが求められる。

　また，幼児であれば生活の場面に加え，さらに学びの場面で人的環境としての保育者の役割が高まっていく。

保育室でのコーナー遊びから広がる遊び

４歳児

マリ先生（保育士）は，４歳児クラスの担任を受けもつことになった。それまでは，０歳，１歳の乳児クラスの担任をしていたため，幼児クラスを運営することははじめてのことだった。４月当初，それまでの保育室を眺めるとロッカーは部屋の片側にならび，フローリング面が広がっていた。また，子どもたちの遊ぶ姿を観察すると，小型ブロック遊び，ままごと遊びなどをしているものの，遊びの境界線が見えにくく，場所が重なってトラブルになることやじっくり遊びにくい環境であった。

ある日，マリ先生は室内の遊びが集中しやすくなるように，子どものロッカーの一部と玩具棚を移動し，パーテーションのように区切って保育室の環境を再構成した。そして，右側の棚にままごとの道具，左側の押し入れに小型ブロックと大型積み木を置いた。さらに，少し広めの場所に大きな空き段ボール箱を２つ用意した。

すると，翌朝保育室の様子に気づいた子どもは，「ロッカーの場所がちがう」「ぼくのは……あ，ここだ」「〇〇ちゃんと私は（ロッカーが）近くなった」と言いながら，保育室の変化を楽しみ始めた。また，遊び方に変化も見られ，「小型ブロックコーナー」「ままごとコーナー」のように区切られた場所で自然に遊びが展開され，ほかからの刺激もなくじっくり遊べるようになった。さらに，段ボールの使い方を子どもたち自ら話し合い始め，一つは「家」として，もう一つは「カラクリ装置」として使われ始めた。

「ここは，玄関でインターホンがある」「積み木をここに置いて，ここでパーティーをしよう」「ピタゴラスイッチに出てくるペンギンたちの家にしよう」「装置で食べ物が配達されるのは

	ロッカー	小型ブロック・大型積み木
段ボール		
	ロッカー	
		ロッカー
		ロッカー
段ボール		
		ままごと

どう？」などとさっそく遊び始めた。

　マリ先生が願っていた，遊びが集中できるようになったことに加え，用意されたものに対して遊びのイメージを共有し，さらに展開できるように話し合いがされていた。

　保育者が物的環境や空間的環境に工夫をして，子どもが遊びを安心して集中できるようになった場面である。さらに，新しいモノを入れ込んだときに遊びを通して新しいイメージをつくり出し，ほかの遊びと共有した場面でもある。保育者はとくに言葉をかけたり，意識的に見せたりせずとも，子どもたちは置かれた環境に，さまざまなイメージを膨らませ，友達と心地よく遊べるよう話し合いをしている。

　幼児期ともなると言葉でのコミュニケーションが活発になってくるが，まだまだ子ども自身の気持ちのコントロールはままならず，感情がぶつかることがある。遊びのなかで体験するプラスの感情であれ，マイナスの感情であれ，ヒト（相手／他者）と関わったことによる影響である。保育者は，その子どもがもつ感情をどのように関わって受容するか，経験としてどのような意味づけをして言葉をかけるのか，保育者の関わり方すべてが人的環境として影響をおよぼすことになる。

　保育者は，一人の子どもと向き合ってともに過ごして，歩めるような歩幅を保つ距離感が求められる。また，子どもがヒトやモノとの関わりにおいて何かを学びとしてつかみ取れるよう，それらを整えていく援助と指導が求められる。

（2）子ども

　保育の場は，子どもが集団でいる家庭にはない特別な環境である。日本では，子どもは幼稚園や保育所，認定こども園に入園（所）すると，その後も小学校，中学校，高校と同年齢の集団のなかで育っていく。入園（所）して保育者との信頼関係を築いていくと，次に関係性に目を向けていくのは，まわりの子どもの存在である。

　保育者は自分（子ども）の気持ちも考えもよくわかってくれ，行動や欲求に応え満たしてくれようとする。では，相手が子どもであればどうだろうか。子ども同士になるとそうはいかない。自分の思いや考えがあるものの，それを相手がくんでくれるとは限らない。思いや考えなどをくむことも発達過程として難しいことも多い。

　さらに，自らも相手の思いや考えを受け止めることが求められる。ときには集

団でみんなが気持ちよく生活していけるように，きまりを守るような場面も出てくる。一見，窮屈そうに感じる状況であるが，その分，子どもが子どもと関わると，「楽しい」「同じだ」「もっとやりたい」「この子といると，ワクワクすることがいっぱいある」「自分の思うようにはいかないけれど，自分一人では気づかないことがわかった」「一緒だからがんばれる」と，子ども同士で気持ちや考えを共有し合うことができる。

　子どもという人的環境があることで，自分と子ども（相手）が関わるために自分のあるべき姿を経験しながら，自分の気持ちや考えをどのようにもち，相手との気持ちや考えのバランスをどのように保つかを学ぶことができる。

事例

竹馬がじょうずになりたい

5歳児

　1月になり5歳児が，いよいよ卒園に向けて準備をし始めた。クラスの活動では，2人一組になって竹馬づくりをした。完成した手づくりの竹馬でさっそく乗って歩こうと子どもは試みる。しかしながら，バランスが保てず竹馬に足を乗せることさえままならない。クラス担任のメイ先生（保育士）が竹馬に乗って歩く姿を見せると，女児のクミちゃんは一人黙々と集中し竹馬に取り組み始めた。少しずつコツをつかんだ様子で，一歩，また一歩と歩数を増やしていくと，その様子を見ていたほかの女児たちも取り組みだす。

　しかし，クラスの男児たちはできないと集中が途切れ始めて遊びだしていた。タケルくんも，竹馬に取り組むものの自分のイメージとは違って全然バランスが取れず，「もう，やんない！」と言って泣き始めた。家庭からの連絡帳にも「竹馬乗れない，できない」と言っていると書かれてあった。

　次の日も竹馬をする時間になり，タケルくんは数回乗ってみてもやはり乗れずに泣き始めた。昨日の園や家庭での様子を踏まえて，メイ先生は言葉をかけるため近づこうとしたとき，クミちゃんがさっとタケルくんに近づき，「だまって集中すればできるよ！」と励ました。すると，泣いていたタケルくんがすくっと立ち，一人だまって真剣に竹馬に取り組み始めた。バランスを崩して落ちてはまた乗ることを何度も繰り返していくうちに，バランスを保てる時間が伸びてきた。

　毎日毎日，足の指の皮がむけても絆創膏を貼りながら取り組むと，身体

もわかってきたようで歩数が増えてきた。自信がついてきたようで，「クミちゃんから言われた『だまって集中』って思いながら竹馬乗ったらできた」とうれしそうに家庭でも話していると連絡帳に書かれていた。

　保育の場では，0歳児で入園（所）するなら6年間，3歳児で入園（所）するなら3年間と長い時間をかけて生活をする。クラスの友達ともそれだけの時間をともにする仲間である。

　そのなかで，子どもは仲間とうれしい，悲しい，楽しい，悔しいなど多くの感情を共有し，また「あの子みたくなりたい」「この子の言うことなら聞ける」「小さい子だから手加減しよう」など相手を受け入れて憧れる，思いやるような考えもめぐらせられるようになる。

　子どものなかで，クラスのなかで，体験を共有すると仲間の存在への価値はより深まっていく。子ども自身も受け入れられ，ほかの子どものことも受け入れていく経験を積み重ねて，多様な物の見方や新しい一面を発見ができるようになる。すると，子どもが人的環境となって，人とのつながり方や深まり方を豊かにする役割を果たしている。

（3）地域の人々，社会生活のなかで出会う人々

　子どもは，家庭での夫婦の会話，保護者がする家事を兄や姉が手伝う様子，保育の場で保育者と保護者のやりとりなど，自分の日常生活におけるさまざまな人の営みをよく見ている。また，散歩にでかけたときに出会った近隣の大人やレストランでの店員の対応と保護者のやりとり，避難訓練の行事で来園した消防署員の立ち振る舞いなどもよく見ている。よく見るということはそれらに興味や関心を示している姿であり，その視野は成長とともに広がりさまざまな場面で観察した口調や動作，行動を真似て，遊びに取り入れたりして楽しんでいる。身近な生活のいろいろな場面における物事や人の行動を真似て，子どもが自らの知識として取り入れ，身につけることができるようになっていく。そして，乳幼児期のこうした姿は，「やがて自分の生活を支える家庭及び社会の仕組みや人々の働き，役割などを理解しようとする態度の育ちへとつながっていく」と保育所保育指針で示されている。

　また，保育の場においても，子どもが多様な他者と関わる機会や場を整えることが豊かな子どもの経験として必要になってきている。それは，子ども自身が育つ周囲の環境において，幅広い世代との交流や出会いが希薄になりがちなことや，

自然を含めた原体験の不足がいわれるためである。そこで、保育の場や子どもの生活圏にある地域のさまざまな資源や人的環境を活用し、保育の活動として計画することが求められる。保育者としてどのような形で地域の人的環境を活用すればよいのだろうか。

事例

お散歩で出会う

3歳児

5月に入り、子どもも園での生活の流れもつかんできたため、クラス担任のカヨ先生（保育教諭）は、近隣の公園まで散歩を計画して出かけることになった。2人組で手をつないで列になって川沿いを歩いていると、川で釣りをする人を見つけた。「釣れたかな」「タイとか釣れるんじゃない？」など会話をして通り過ぎた。

公園に着くと広場の一部では高齢者がグループでグラウンドゴルフをしていた。そこでカヨ先生は、「グラウンドゴルフをしているところでは遊ばない」と約束事を伝え注意して見守り、子どもたちも広場を駆け出した。

コウタくんがグラウンドゴルフの様子をじっと見つめ、「何やってるの？」とゲームをしている人に声をかけた。すると、グループの一人がコウタくんを呼び、グラウンドゴルフについて説明しながら見せてくれた。コウタくんとのやりとりをみていた、シュンスケ、ケイイチ、リョウくんも近づいて一緒に聞き始めた。カヨ先生がゲームをさえぎってしまったことを謝罪しに行くと、グループの方は「興味をもってくれてうれしい」と話してくれ、よかったら子どもたちと一緒に楽しみたいと話してくださった。また、そのグループの方の一人が在園児の親族だったこともあり、話が弾んで時間が過ぎた。公園から園に戻るときも挨拶を大きな声で交わし、楽しい気持ちの帰り道となった。

帰り道に再度、同じ釣り人を見かけた。やはり行きと同じ会話を子どもがしていると、その釣り人が子どもに返事をしてくれ、釣れた魚を見せてくれた。「なにこれ、きんぎょ？」「ちがうよ、おさかなだよ」などバケツをのぞいていると、「フナだよ」と教えてくれた。

園長とも相談し、後日「グラウンドゴルフで遊ぼう」という企画が催され、楽しい交流の時間をもつことができた。また、クラスで散歩へ出かけたときに釣り人に出会うと、「今日は何が釣れてるの？」「がんばって

ね！」など親しく会話のやりとりができるようになった。

　ごく日常の場面であるが，園内を一歩出るとそこは地域社会となり，子どもにとっていつも顔を合わせる人ではない地域の人々と出会う場になる。それはとても新鮮で，新しい発見や出会いがそこここに広がっている。また，地域に出るということは公共の場に出ることになるため，適切なふるまいや態度，ルールなどを保育者が伝えていくことが，子どもの規範意識や公共性の芽生えにつながっていく。そして，それらの出会いは，子どもにとっての興味や関心として地域に住む人々とつながろうとする原動力になることもある。

　保育者はそれらをくみとり，保育の場でどのような形，場，時で反映できるか考えることが必要である。そして，考えて計画した活動によって，子ども自身が何を感じ，日々の生活にどのような姿をして表すのかを観察することが大切である。

　また，地域社会で子育てを支援する，地域社会が子どもを教育していくために，保育の場は地域に開かれた場であることが求められる。地域の人々にとって，地域社会の資源として保育の場が身近な存在であることは，人的環境を積極的に活用するために保育者がもっておくことが必要な意識である。子どもの体験を豊かにするというきっかけから，保育の場を地域に開くことで，子どもがより地域の人とつながることができる。保育者が子どもと地域の人々をつなぐ活動の積み重ねをすることで，保育の場を身近にし，地域からの協力がさらに得られ，地域の人々の活動も活性化することができる。やはり子どものもつエネルギーは，地域の未来を明るくつなげる宝なのであろう。

【なりきって，やってみよう（先生ごっこ）】

準備

①「保育者のあなた（1人）」と「子ども（3人）」を簡単な紙の人形をつくりましょう。

②白紙のA3サイズ用紙に，上から見た保育室の物的環境を好きに書きましょう。

③3～4人で1チームをつくりましょう。

④リーダー役1人，サブ役1人，実習生役1人，子ども役1人に配役を決めましょう。

〔配役の内容〕
リーダー役：子ども集団へ投げかけ，保育を進める
サブ役：リーダー役の動きから，保育や子どもの補助に入る
実習生役：観察・参与実習中
子ども役：12人（または9人）を好きに動かし，発言する

⑤設定を決めて，5分間自由に，なりきって演じてみましょう。
（例）給食の時間，帰りの集まりの時間

①つくり方（紙人形は拡大コピーをして作成するとよいでしょう）

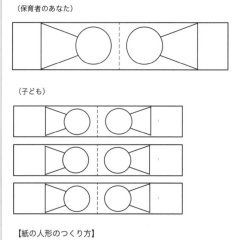

（保育者のあなた）

（子ども）

【紙の人形のつくり方】
・○に自分の顔と後ろ姿を描き，顔と服を塗りましょう。
・好きな名前を考え、服に書きましょう。
・太線の四角を切りましょう。
・点線を山折りにして、立てます。
・保育者のあなた1人、子ども3人分をつくります。
・完成です！！

②例

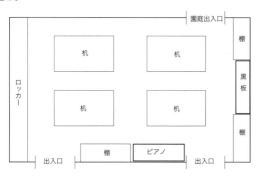

（1）「先生ごっこ」をやってみて，出来事を振り返りましょう。

・私が演じた配役は，　　　　　　　　　　　　　　　　　です。

・先生ごっこをしている間に起こったエピソードを書きましょう。

（2）「先生ごっこ」をやってみて，保育者同士のやりとり，保育者と実習生との
　　やりとり，保育者と子どものやりとりを通して，保育者は人的環境として
　　どのようなことをして，どのような役割を果たしていたか，振り返って書
　　きましょう。

第 4 章

身近な生き物や自然との関わり

　私たちは，四季の移り変わりを感じて生活している。しかしながら子どもは，大人と同じように言葉で表現することは少ないだろう。そのため，暖かい日に外で過ごすと気持ちがよい，夏の暑い日に走りまわると汗をかく，冬の寒い日に息を吐くと白くなるなど，子ども自身が感じ取る体験を豊富に重ねることが大切である。保育者は，子どもの小さな気づきをていねいに拾いあげ，自然の変化を共有する働きかけを実践することが重要となる。

　また，子どもがさわったり抱いたりすることのできる小動物の飼育や，さまざまな花や実をつける植物の栽培は，子どもがもっとも身近に感じられる自然環境となる。保育現場には，小動物や自然の素材が豊富にあり，家庭で行われる間接体験では得られない直接的な体験を重ねることができる。さらに，生き物に対して親しみを感じるだけでなく，生命の営みや生態，尊さに気づくきっかけとなる。身近な生き物をいたわり，大切にする活動を通じて，生命の尊さについて繰り返し伝えていくことが求められている。

1. 保育内容「環境」における自然とは

　幼保連携型認定こども園教育・保育要領，幼稚園教育要領，保育所保育指針の「環境」では，満3歳以上の園児への教育および保育に関する「ねらい」と「内容」のなかで，自然に関して次のようにまとめられている。

【ねらい】

　　・身近な環境に親しみ，自然と触れ合う中で様々な事象に興味や関心をもつ。

【内　容】

　　・自然に触れて生活し，その大きさ，美しさ，不思議さなどに気付く。

　　・季節により自然や人間の生活に変化のあることに気付く。

　　・自然などの身近な事象に関心をもち，取り入れて遊ぶ。

　　・身近な動植物に親しみをもって接し，生命の尊さに気付き，いたわったり，
　　　大切にしたりする。

　これらは，好奇心と探究心が旺盛な幼児期に，自然などの身近な事象と十分に関わり，興味や関心を育て，豊かな心情や思考力の基礎を培い，心身を調和的に発達させるための援助が重要であることを述べたものである。

　一方で，3歳未満児では身近な生き物を見たり，さわったりすることを通して，生き物の特性を知り，その関わり方や世話の仕方にも興味をもち，生き物に愛着を感じるようになる。そのため，季節の節目や変化を感じることや，季節ならではの生活や行事を楽しむ取り組みを考えることも重要となる。

　そして4歳児になると，身のまわりの昆虫や小動物の世話をしたりするなかで，身近な環境に興味を抱いたり，積極的に関わろうとしたりする。小動物や自然にふれ，直接体験を通じてさまざまな事物の特性を理解するとともに，生き物に宿る命の概念にも徐々に気づき始めるようになる。

　5歳児では，「幼児期の終わりまでに育ってほしい姿（10の姿）：自然との関わり・生命尊重」をふまえたい。さまざまな動植物，空気，土，水，気象などの直接的体験を通して，気づきや発見を保育者と共感したり，伝えあうことから始まる。自然の変化なども感じ取り，好奇心と探究心から感じたことを言葉で表現し，さらに自然への関心を高めていくようになる。自然への愛情や畏敬の念を抱くようになり，身近な生き物に対しては生命の不思議さや尊さに気づくようになる。身近な動植物の世話を学び，いたわり，大切に育てるという気持ちをもって関わるようになるのである。

2. 身近な生き物と関わることの意義

　子どもは，日々の生活のなかで身近な生き物と関わったり興味深く観察したりすることで，親しみをもつようになる。保育者自身も園内外の身近な生き物に関心をもち，子どもが生き物と関われるような環境を整えることが大切である。

また，野生の生き物を飼育する際には，命を預かることとなるため，どのような飼育環境が必要か，子どもたちと調べておく必要がある。継続した飼育が難しい場合には，観察は短時間にとどめて，生き物の立場となる視点を養い，子どもと話し合いの時間をもつなどして，逃がしてあげるように促すことも保育者の役割となる。

　一方，園内で生き物を継続的に飼育することは，日々の観察によって生き物への愛着を抱き，さまざまな変化に気づき，好奇心と探究心を養うためのよい刺激となる。

3. 園庭の自然環境の工夫

　園庭では多様な遊びが展開されるが，樹木や草花，小動物などの動植物，水，土，砂，太陽の光，風，雨などを感じとり，自然に親しみ，興味や関心をもって関わることができる場となる。このような自然環境のなかで，乳幼児期にふさわしい体験や動植物の特性について深く理解した計画を進めることが大切である。

　例えば，樹木は長い年月をかけて生育し大きくなるが，草花や野菜などの植物は比較的短い周期で育っていく。園庭の自然環境の特徴を捉えて，子どもにとって望ましい体験を提供する工夫が求められる。また，四季に応じた自然体験に親しむため，年間を通した計画を立て，環境の整備や生き物の世話などの管理が必要となる。

　自然をふれ合うために，アサガオなどの草花遊びができる花や，栽培して食べられる夏野菜など，子どもたちが遊ぶ，育てる，食べるといった体験があると，自然とのつながりも感じられるようになる。また，昆虫が自然と訪れるような植物の栽培なども，子どもたちにとって好奇心や探究心を刺激する環境を提供する。

あさごおり

４歳児

　レイは園庭の水飲み場で，プリンの空きカップにアサガオの花びらと水を入れて遊んでいる。水に沈んだアサガオを色水にして遊ぶ子どもが多いなか，葉をちぎって優しい手つきで水のなかに入れ，水中に咲くアサガオのまわりに並べて懸命に整えている。作品がある程度完成したのか，水中に浮かんでいるアサガオの様子を楽しんだあと，レイは，クミ先生にカップを見せて，「これを凍らせてみたい」と提案する。そこで，保冷剤などを入れている冷凍庫を借りて，一晩凍らせてみることにした。

　翌朝，元気に登園したレイは，クミ先生とともに冷凍庫に様子を見に行く。冷凍庫には，美しく花開いたアサガオがそのまま凍り，レイが考えていた作品ができあがったようであった。クラスの子どもたちにも，この遊びが浸透し，「あさごおり」と名づけられて，溶けるまでロッカーのうえに作品が並ぶこととなった。

　この事例では，レイが予測した通りの作品ができあがったことに対し，保育者が一緒にその美しさや発見を味わう体験ができた。このように，自然環境の魅力を感じ，子どもに寄り添った保育を行っていくことが大切である。

　また，園庭には意図的に栽培している植物と，自然に生育している植物がある。この事例では，意図的に栽培していたアサガオを遊びに取り入れたものであるが，野生の植物にも目を向け，さまざまな遊びを発見していきたい。

事例

いしみちゃん

3歳児

　メイの下駄箱には，平べったい丸い石と小さな卵型の石が住んでいる。ナオミ先生が話を聞くと，「これはね，いしみちゃん。メイのくつばこに住んでるの」とニコニコ笑いながら教えてくれる。

　園庭での外遊びで拾ったすべすべの石が，下駄箱のなかでいくつかきれいに並べられている。エサか食事かおやつなのか，葉っぱや草なども入っている。「先生，メイね，本当はおうちで猫とか飼いたいんだ。おばあちゃんちに猫がいてかわいくてね，すっごくほしくなっちゃったの。でもね，猫とか飼っちゃうと旅行とか行けなくなっちゃうんだ。それもいやなんだ。でも，猫ほしくなっちゃうから，ほいくえんで "いしみちゃん" を飼うことにしたの……ふふっ」と，保育者にうれしそうに伝える姿があった。

　メイは，動物を飼育することに対して，さまざまな難しい面があることに気づき始めている。かわいがったり，世話をしたりすることは，動物が生きるために絶対に必要なこととなる。さらには，飼育を継続しなければならないこと，途中で投げ出すことができないことにも気づいている。

　保育者は，生き物を飼育する際，衛生面やアレルギーなどの対策も必要となる。また，地域の自然環境や生態系の破壊につながらないよう，生き物の飼育を終える際には，元の場所へ戻すなどの配慮も大切になる。

4. 園外保育

　雄大な自然を感じ取る体験は，園内の環境から獲得することは難しいため，園外保育を計画することが必要となる。行事として企画される遠足や日常的な散歩などについても，ねらいを立てて積極的に実施する必要がある。

　園外には，さまざまな自然があるが，森や川などと大きく捉えるだけでなく，周辺を散策してお散歩コースを設定したり，マップを作成して木々や草花，小動物や昆虫の集まる場所などを活用することも有効である。

3歳未満児の「芋掘り」

1，2歳児

　11月，園から子どもの足でゆっくり20～30分歩いたところにサツマイモ畑があり，芋掘りが行われる。参加するのは4歳児と5歳児で，子どもたちは収穫したサツマイモを箱車にのせて，ブルーシートのうえに積んでゆく。保育者と地域の方々が連携してサツマイモを園へ運び入れると，子どもたちと保育者はつるや葉のついているサツマイモをいくつか選び，園庭の砂場に埋める。

　埋め終わった砂場で，今度は3歳未満児の芋掘りが行われる。砂場はやわらかく，サツマイモは子どもたちの手によって浅く埋められているため，3歳未満児でも少しのがんばりで芋掘りの体験を味わうことができる。

　やがて，もう一度集められたサツマイモと午前中に収穫したサツマイモは，全園児が持ち帰りできるように，持参したレジ袋などに詰めていくこととなる。4歳児と5歳児の袋のなかには，自分で掘った，とっておきの1本と配られたサツマイモ，3歳以下の子どもたちには，職員がバランスを考えながら袋詰めを行い，降園時には全家庭に配られる。

　3歳児クラスの芋掘りは，別日程で園の向かい側にあるサツマイモ畑で実施されている。ここで収穫したサツマイモは，園で調理され，給食やおやつのメニューに加えられることとなる。

　ここでは活動の工夫について考えてみたい。3歳未満児にとって難しい「芋掘り」の活動が，保育者のアイデアによって実践できるように計画されている。このように，なるべく多くの子どもたちが季節ならではの行事を楽しめるよう，発達段階に応じて計画を立てていくことも重要である。また，新しく何かを準備するのではなく，すでにある園庭の環境を活用している点や，家庭との連携，食育に配慮している点にも注目していきたい。

【やってみよう，見つけてみよう】

（1）芝人形

　植物が育つためには，何が必要かを学ぶことができます。それは水，日光，熱，二酸化炭素で，光合成として学んできたことでしょう。子どもたちへは，動物との違いとして栄養をどのようにとっているかを知るよい機会になります。

材料

> ・ペットボトル（350ml など小さいもの）
> ・靴下（白以外で20cm以上のもの　※不要になった靴下を利用できるとよい）
> ・輪ゴム（４本程度）
> ・芝の種（ホームセンターなどに売っている）
> ・接着剤（水に溶けないもの）
> ・フェルト（人形の顔や身体のパーツに使用する）
> ・培養土（紙コップ４杯程度）
> ・割り箸（１本）
> ・紙コップ（２個）
> ・カッター，はさみ，バケツを用意する

つくり方

①人形の顔や洋服のデザインを決め，靴下をかかとのあたりで切ります。子ども用など小さい靴下であればそのまま使用します。

②ペットボトルのキャップ１杯程度の芝の種を靴下のつま先へ詰めます。そのあと，土をしっかり入れていき，頭をつくります。

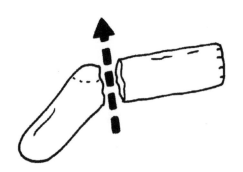

③首になる部分を輪ゴムでとめ，なか
　に割り箸をさします。鼻や耳の部分
　を輪ゴムで膨らませてつくったり，
　フェルトを利用して顔を完成させま
　す。

④接着剤がかわいたら，水をためたバ
　ケツに頭をつけ，十分に水をしみこ
　ませます。

⑤水がしみこむ間に洋服をつくります
　（具体的な手順は⑦を参照）。

⑥ペットボトルの背中に給水用の穴を
　あけ，そこから水を3分の2程度入
　れます。

⑦ペットボトル（⑥）の上にもう片方
　の靴下をかぶせて，フェルトなどで
　アレンジし，自分だけの洋服をつく
　ります。

⑧最後に頭の部分をペットボトルの口
　にさしこめば完成です。

毎日の管理

・発芽までは，土が乾燥しないように水を足していきます。光合成が十分に行え
　るよう長い時間日が当たる場所に置きましょう。カビや病気を防ぐために風通
　しをよくすることもポイントです。7〜10日ほどすると芝が発芽します。

・芽が出たあとは，3分の2程度の水量を保ち，頭部の乾燥もチェックしつつ，
　ときどき頭からも水をかけるようにします。

・芝が伸びてきたら，ハサミでカットしましょう。人形のヘアアレンジを楽しむ
　こともできますし，風通しや日当たりがよくなるため，芝も元気に成長できま
　す。

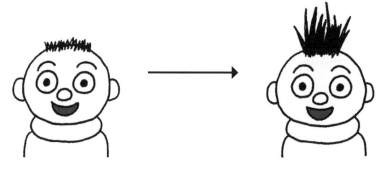

（全国花育活動推進協議会「実習1　芝坊やを作ろう」より　https://www.jfpc.or.jp/_userdata/hanaiku/
fukudokubon24/1304fukudokubon_shibaboya.pdf）

（2）フィールドビンゴ

　フィールドビンゴをつくってみましょう！　ネイチャーゲームの一つである
フィールドビンゴは，日本シェアリングネイチャー協会で販売されているフィー
ルドビンゴカードを使用して展開しますが，実践する場所や年齢，季節に応じて，
自由にカードを作成することができます。

　ここでは，子どもが使うことを想定してビンゴカードをつくりましょう。枠は
下のような9マスくらいがちょうどよく，「におい」「おと」「てざわり」など，五
感を生かして遊べるように工夫しましょう。また，ビンゴを行う環境にある動物
や植物の絵を描いたりするのもおもしろいでしょう。「葉っぱ」や，何かの
「形」でマスをつくると，子ども一人ひとりの個性が引き出され，発表したとき
に盛りあがります。

フィールドビンゴカード

くだもの	さくさく するおと	ひらべったい いし	ぎざぎざのはっぱ	つるつる するもの
ごつごつした いし	くものす	まるいあなの あいたはっぱ	ねこじゃらし	いい におい
なみのおと	くさい におい	ともだち	とおくのやま	きりかぶ
きらきらするもの	おおきな はっぱ	みずのおと	ふわふわ するもの	あかい はな
きのみ	きいろいはな	かぜのおと	まつぼっくり	どうぶつ

★みたり、きいたり、さわったり、においをかいだり、からだのかんかくをつかって、たからものをさがしてみましょう。
★たからものをみつけたらその「ます」に○をつけましょう。
★○が たて・よこ・ななめ で5つならんだら「びんご」です。たくさんみつけて、たくさん「びんご」をつくりましょう。めざせ○25こ！

（小田原市役所　http://www.city.odawara.kanagawa.jp/global-image/units/56880/1-20110427133752.pdf）

　風の音や草のにおい，動物や景色といった，身近にある自然などをアイテム（宝物）としてフィールドビンゴカードを完成させます。できあがったフィールドビンゴカードをもって，外を歩いてみましょう。宝物探しを終えたら，みんなでビンゴカードを見せあいます。いくつビンゴが完成したか，どんな宝物が見つけられたか発表しあってみましょう。感受性は人によりさまざまです。何か新しい発見があるかもしれません。

第5章

身近な素材と道具との関わり

1. 環境と「私」

(1) 誕生日問題

　私は，いつ生まれたのであろうか。もちろん，誕生日を知っているならば，その誕生日に生まれたのに違いない。だから保育所や幼稚園，認定こども園でも，もちろん福祉施設などでも，その子の誕生した日に誕生日をお祝いする園が多いのではなかろうか。例えば，筆者のいる保育所では，おやつの時間にみんなでお祝いをしている。お祝いされる子のリクエストがあれば，その日の午前中は，みんなでケーキを焼いたり，たこ焼きを焼いたり，おでんを煮たり，ささやかなパーティーの準備をして過ごす。

　写真は，そんな誕生日会の一コマである。1歳を迎えた誕生日会の一コマであるから，生まれてはじめての誕生日会ということになる。おもしろいことに，誕生日会の準備をしてきた「みんな」は，誕生日の意味を知っている。ところが，はじめてお祝いされる1歳の子は，誕生日の意味を知らない。なぜならば，それがはじめてのことだからである。

▲写真1　誕生日　みんなのなかの「私」

写真の表情からも推測できるように，お祝いしている「みんな」と，お祝いされている「私」には，差が生じている。すなわち，「誕生日の意味を知っている」人と「誕生日の意味を知らない」人の差が，この表情に現れているように思う。これは，誕生日や誕生日会を経験したことがあるという差にも思えるが，もう一つは，自分自身の存在が明確であるか不明確であるかの差によるものではないかと考える。生後1年の子どもたちでは，いまだ完全には他者と自分とを区分できていないということがいえるからである。

　完全な他者がいないのであるから，すなわち，完全な自分自身もいないといえるのではないか。物理的なこの世に誕生した誕生日をお祝いしているのだが，お祝いされている「私」自身は，いまだ完全な自己としての「私」をもってはいない。その意味でいまだ「私」は誕生していない。

　（2）いつ「私」は誕生するのだろうか

　鏡像認識という用語がある。鏡に映っている姿が，自分自身だとわかることだという。誕生日を迎えた1歳の子どもは，保育所のままごとコーナーの鏡を見ても，また自分が写っている誕生日カードの写真を見せても，そこに自分が写っているというような動きはしない。映っていたり，写っていることがわかるようになることを鏡像認識が可能であるといっている。

　鏡のなかの自分がわかるということは，自分自身を外から見ることができる。つまり客観視ができるということである。

　　　鏡に映っている「自分」との出会い，それは鏡のなかから自分を見つめている「自分」との出会いです。鏡に写っている子どもは，自分の向こう側にいます。その子がいる場所は，普通は自分とは別の子どもがいる場所です。ですから，自分を見つめる鏡に映った子どもは，絶対に自分ではありえません。自分はここにいるのですから，そこにいるのは自分とは別の子どもでならなければならないはずで

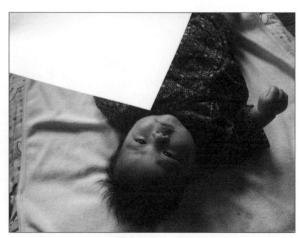

▲写真2　自分の写真を見る　「私」はいるのだろうか

す。ところが，その子は自分と同じ姿かたちをし，自分とまったく同じように動いて見えますから，他の子どもではなく自分のように感じられます。そうすると，鏡のなかにあって自分を見つめる子は，「他者でもあり自分でもある」というきわめて矛盾した不思議な存在になります。それは，「他者に変身した自分」です。それゆえに，鏡に映ったのが「自分」だとわかるためには，他者との間でいつも体験している位置関係をいったん捨てて，他者の位置にもう一人の「自分」がいることを思い浮かべる心のが動きが必要になります。それは，心を身体から離脱させる心の動きです。

（『赤ちゃんの心理学』大藪泰（2013）日本評論社，p.88）

　こうした働きが可能になると鏡がわかる，すなわち鏡像認識が可能になると大藪は示している。このように，自己を他者の位置に置きかえ，自己を俯瞰するようなことが自分がいる，すなわち「私」の誕生であるといえる。まるで，いつも自宅から見えている遠くの山に登り，山頂から遠くの自宅を見おろすような，そんな位置関係の交代が俯瞰することであり，その結果，はじめて自宅を見たような感覚を覚えることが，私の誕生に近いように思う。

　そうなると，自分の誕生のためには位置関係の交代，すなわち他者の存在が必須になる。必須というよりも，そもそも人が誕生するということを考えてみると，人は他者との関係のなかに産み落とされている。アドルフ・ポルトマンのいう「生理的早産」であるならば，なおさらのことである。人の子は，他者からの世話，すなわち関係がなければ生存ができないからである。

　このような「私」と「私以外」の関わりの関係を，保育や教育では「環境」と表している。

（3）「私」と「私以外」
　保育所保育指針などの用語を使えば，環境は人的環境，物的環境として明記できる。私と私以外の関係のなかで，私（子ども）と人との関係，私（子ども）と物との関係と整頓し考えることで，具体的実践としての保育のなかでは，環境を捉えやすくなる。

　同時に人と物は，「物語」をつむぎだす。「お花が咲いていたので，摘んだ」「砂場があったので，掘った」というような動き，すなわち物語を生み出す。そしてその物語は「お花が咲いていたので摘んだ。そうしたら，春風が吹いた」というような物語，刻々と状況が変化していく最中に包み込まれている。このことを保育所保育指針などの用語では「事象」と呼んでいる。

整理してみれば，私を取り巻く環境は「人的環境」「物的環境」「事象」の３点であり，さらに単純に表すならば「ヒト」「モノ」「コト」（事象）と表すことが可能であろう。実際の保育の現場では，この３点について環境構成し，保育の計画を立案して，日々実践をしている。教育の内容とされる５領域（健康，人間関係，環境，言葉，表現）についても，私を取り巻く環境のなかで，領域を一つひとつ区分するのではなく，包括的に育つことが望ましいとされる。私を取り巻く環境においては，これは健康の環境，これは人間関係の環境というように，そもそも区分できないからである。

さらに乳児保育においては，５領域を３つの視点に集約し包括的に示している。まさにヒト，モノ，コトが「乳児保育に関わるねらい及び内容」とされる。図１は，厚生労働省の資料に対して筆者が加筆したものである。「身近な人」とはヒト，「身近なもの」とはモノ，その環境があると「健やかに伸び伸びと育つ」と解釈できる。

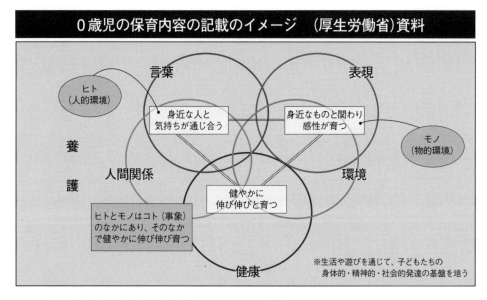

0歳児の保育内容の記載のイメージ （厚生労働省）資料

言葉

表現

ヒト
（人的環境）

養護

人間関係

身近な人と
気持ちが通じ合う

身近なものと関わり
感性が育つ

モノ
（物的環境）

環境

健やかに
伸び伸びと育つ

ヒトとモノはコト（事象）
のなかにあり，そのなか
で健やかに伸び伸び育つ

健康

※生活や遊びを通じて，子どもたちの
　身体的・精神的・社会的発達の基盤を培う

▲図1　ヒト・モノ・コトと保育内容との関係

（「保育所保育指針の改定に関する議論のとりまとめ」厚生労働省（2016），p.18に加筆）

（4）身近な人，身近な物

単純化すれば，私を取り巻く環境とは，ヒト，モノ，コトであるわけだが，保育や教育を実践するなかで，もっとも注視しなければならないことは，「身近な」という用語であると思う。

辞書によれば身近（みぢか）とは，「自分との関わりの深いこと」（『明鏡国語辞

典』大修館書店）され，保育所保育指針にあてはめてみれば，「自分と関わりの深い人」「自分と関わりの深いもの」となるであろうか。言い換えれば，関わりのないヒトやモノでは，健やかに伸び伸びと育つ環境をつくることはできないということになる。

さて，「関わりの深い」とは，どんなことであろうか。J・ボウルビィによるアタッチメントについての遠藤利彦の解説と，佐伯胖によるドーナッツ論を用いながら考えてみる。

> もともとの，日本語では，長く「愛着」と訳されてきたこともあって，アタッチメントという言葉は，親と子どもの間でやりとりされる「愛情」のようなもの，あるいは親子の「情緒的絆」としてだけ理解されてきたところが多分にあったのかも知れません。もちろん，これらはまったくの誤りということではないのですが，この言葉の元来の意味は，英語の「アタッチ」（Attach）そのまま，つまりはくっつくということです。ただし，誰彼構わずくっつくということではなくて私たち人が，何らかのネガティヴな感情を経験したときに，身体的な意味でも，あるいは心理的な意味でも（必ずしも親に限定されない）誰か特定の人にくっつこうとする行動の傾向を指しています。
>
> （『発達153』遠藤利彦（2019）ミネルヴァ書房，p.3）

母子関係における情緒的絆が，アタッチメントとされるならば，「関わりの深い」とは，そのまま「私」と「私以外」のヒトとモノとの情緒的絆ということになる。しかし，本来ボウルビィはフロイトの理論を土台にしながら，人が「葛藤」を処理する能力の発達をするための養育条件をアタッチメントとしたのであるから，遠藤が指摘するように葛藤が起こっているような「ネガティブな感情」のもとでの「くっつきたい」関係をアタッチメントとするほうがより正しいように思う。困ったときには，無条件にいつでも受け入れてくれるようなヒトとモノとの関係である。

（5）ドーナッツ論と身近な人，身近な物

図2は佐伯胖による。ドーナッツのような形であることからドーナッツ論と呼ばれている。Iは私（子ども）として示し，YOU的存在は，I（私：子ども）を取り巻く関わりの環境を表している。YOU的存在は，Iにとっての「身近な」存在ということであるから関わりの環境である。YOUではなく，あえてYOU的存在とするのは「私」にとって「あなた」と感じられる存在でなければ意味を得な

いということであろう。その関係は，私がネガティブな状況下にあっても，変わらない存在であることが肝要なのかもしれない。

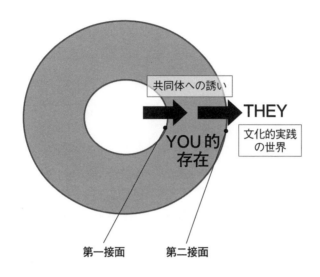

▲図2　佐伯胖によるドーナッツ論

（『子どもを「人間としてみる」ということ』子どもと保育総合研究所編，佐伯胖他著（2013）ミネルヴァ書房，p.12をもとに作図）

「あなた」と感じられることは人だけではない。自分が関わることのできる「もの」に対しても感じることができる。その意味で「もの」も含めてYOU的存在ということができる。いつも一緒にいる人がYOU的存在であり，いつも身のまわりにあるものもYOU的存在である。

　YOU的存在は，IにとってのYOUであることと同時に，すでにTHEY（みんな）の一部である。最初からYOUは，THEYという「みんな」のなかの一員であり，みんなが行っている文化の実践者であるからである。

2. 学ぶこと，教えること

（1）なぜ，箸を使えるようになるのだろうか

　生まれた子どもたちは，授乳，離乳食を経て，手づかみで食べている時期を十分に過ごせば，そのうちフォークやスプーン，そして箸をじょうずに扱ってものを食べるようになる。手づかみから始まり，そのうち誰しも道具を使うようになるのである。

　ドーナッツ論になぞらえて「なぜ，子どもは箸を使うようになるのか」につい

て考えてみる。YOUは箸を使う文化に暮らす。YOUの箸を使う理由は，YOUのまわりにいるTHEYが箸を使うからである。だからYOUも箸を使う。IはYOUと身近な関係であり，YOUが箸を使うので，Iもおのずから箸を使うようになる。Iを子ども，YOUを保育者として当てはめてみると，関係のなかで育つことがより明確になるだろう。

　このようにいわれると当然のようであるが，Iが箸を使うようになるためには，YOUが身近であること，そしてYOUは，箸を使うという文化的な実践者であることが条件となる。子どもが，おのずから学び，文化的な実践を行うようになるためには，YOU的存在とTHEYの関係が必要であることがわかる。

（2）行為は環境から起こる　—なぜ子どもは遊ぶのだろうか—

事例

保育の記録から

2019年11月20〜21日　東京都認証保育所ウッディキッズの様子

台風で増水した河原の水が引き，数日後には元の流れに変わります。そこを目指して出かけるのです。いつもとは違う河原の様子におどろきながらも，なぜかわくわくするのです。河原には，いろいろなモノがたどり着いています。大きな杉の木が根こそぎ流れ

▲写真3　混在から分別する

着いています。背丈ぐらいの流木も，河原のオニグルミの木に，たくさん引っかかっています。下水管でしょうか。ビニールパイプや，地境を示す杭や，何かが入ったままの瓶やペットボトル，鍋や長靴まで流れ着いています。

　「見っけ！」とあっちこっちで声がします。手に手にいろんなものを集

▲写真4　大きなモノは一緒に運ぶ

め始めます。ビニールパイプも杭も拾い集め，そのうち拾い集めたもので，家だの，遊び場だの，なんだかいろいろなものをつくり始めます。流木は重いです。一人では運べません。何人かが一緒になって「あーしろ，こうしろ」と，転がしてみたり，引っ張ってみたり，試行錯誤しながら運んでいます。

　一日だけでは終わりません。ですから，また次の日も出かけます。そんなこんなで，お家が何件か立ち，シーソーや蔓のブランコもできあがっていきます。できたお家や遊び場で「お家ごっこ」が始まります。何軒かがありますから，あっちへこっちへ行き来して，さながら街のようです。

　遊んでいると，お腹がすきます。出かける前に焼いてきた，ニンジン入りのパウンドケーキでお茶の時間になります。お家ごっこでお母さんやお姉ちゃんになったままで食べる子どもたちもいれば，「やれやれ」と一服して草むらに座り込んで食べる子どももいます。よせばいいのに，木に登ってお茶にしようと試みる子もいます。パウンドケーキを手にもっているのですから，うまく登れないのですけれどね。

　秋晴れの空は青く，少し汗ばんだ肌に風が心地よく吹いています。遠くでキジが「ケーン，ケーン」と鳴いています。

　ある秋の日の実際の保育の様子である。ここに書いた子どもたちの様子は，なぜ起こるのだろうか。それはすべて，私（子ども）を取り巻く環境があるからである。環境によって行われる行為を，それを私たち保育者は，場面や状況に応じて「遊び」だとか「生活」だとか呼んでいる。

　河原に出かけたのは，台風が通り過ぎたことを体感し，知っているからではないであろうか。台風が荒れ狂ったあの日も，やはり保育所で，みんなとともに過ごしていた。横なぐりの雨がぶつかり，風がゴーゴーと吹きつけるいつもとは違う園の窓も，なんとなくせわしなく落ち着きのない保育者や保護者の様子も感じていた。ニュースで見る映像や，大人たちの話す話の内容や，さまざまな情報から川は氾濫し，台風がいかに尋常ではないかを感じ得ていた。だから，台風後の河原に出かけてみたくなる

▲写真5　流木はシーソーになった

のではないか。

　出かけてみれば，いつもとは違う河原の風景が広がっている。それが見える。いろいろなモノが散乱している。それが見えたので，拾いたくなる。集めたくなる。集めてみると，使いたくなる。誰かの一声があったのか，それとも何となくそうなっていったのか，家や遊び場がその集めた材料でつくられ始める。家や遊び場をつくる目的ができたので，今度は，その目的に沿っていろいろなモノが集められるようになる。混在し雑多な散乱物であったモノが，材料として意味づけされ，整頓されていく瞬間である。

（3）環境と身体，心と体

　「私」が誕生する以前から，「私」はすでに環境のなかにあったわけであるが，「私」が誕生することで「私以外」も同時に誕生する。図3は，おそらく1歳ぐらいになると「私」と「私以外」が明確になり始めることを想定し，「私」と「私以外」の関係を図示したものである。

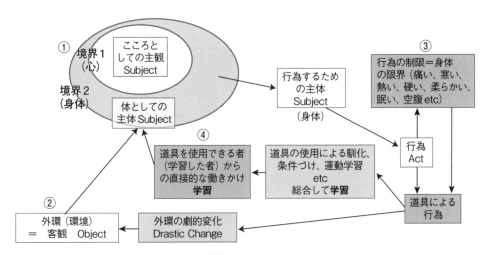

▲図3　主体性と学習と教育の関係

　「私」①は，心と身体を境界とし，その境界の外側を「外環（環境）」②＝「私以外」として感じている。私たちは自分の身体，もっというならば，一般的には皮膚の内側を「私」としており，皮膚の外側を「私以外」としている。皮膚は境界をつくっている。

　②ではさまざまなコトが起こっている。「お花が咲いていたので，摘んだ」のはなぜだろうか。それは，花が咲いていることが，視覚を通じて見えたからである。見えただけではないのかもしれない。花の香りが嗅覚を通じて感じられたの

かもしれない。風にそよいで，音として聴覚に感じられたのかもしれない。いずれにしても，身体を通じて感じ得たことが「摘む」という行為の源泉にあることには間違いなさそうである。

コトであるかぎり「お花が咲いていたので摘んだ。そうしたら，春風が吹いた」といように，②での状況は刻々と変化している。それを事象と呼んだ。実際には，その事象に対して身体は情報を感じ得ている。刻々と変化するモノを捉えようとするのには，過ぎた状況の記憶と，これからこうなるだろうという状況の予測が働いて，時間という意識をつくり出すのであろう。

見えたり，匂ったり，聞こえたりする身体を通じた情報は，おそらく身体の内部で統合され「摘みたい」という意志に変わったはずである。それをここでは「心」と表そうと思う。「摘みたい」と思った心は，心である限り意志を実現することはできない。どのように意志を実現するのであろうか。身体を使い行為することで，意志を実現することしかないであろう。手を使い花にさわり，指を使って花を摘むように，自己の身体で行為することで意志は達成される。

ここで一度，保育や教育として考えるために保育所保育指針や幼稚園教育要領などに戻ってみる。意志を身体で表すことは「子どもの主体性」として明示されている。心である主観を身体で表すのであるから，主観ではなく主体という言葉が使われる。簡潔にいえば主体性は，子ども自身におこった心を体で表すこととなるであろう。また保育の「ねらい」とされる心情，意欲，態度についても，心情と意欲は心のこと，態度はその心を体で表すことで整理がつけられる。

（4）身体と道具の関係　―学ぶこと，学習―

身体で行為する限りにおいて，行為には限界が伴われる。指で花を摘むことはできても，指で生木を折ることはできない。ナイフなり，鋸なりの道具が必要になる。手で広告紙をちぎっていた子どもたちも，いつかはハサミを使って切るようになる。何かをつくる意志が表れたときに手ではうまくない。ハサミで切るような，まっすぐな線が必要となったからである。写真6では③（図3）に示している。

ただし，ハサミをもったときから，すぐにハサミが使えるわけではない。親指と人差し指をリズミカルに交互に動かすような，協応化したしなや

▲写真6　道具を使う

かな手の動きができないころには，到底ハサミで直線を切ることはできない。試行錯誤を繰り返し，１日，半年，１年と，時間が経過するなかでハサミを含め，身のまわりのおおよその道具は使えるようになっていく。道具を使えるようになるような，このようなことを成長といい，その成長することを学習と言い換えてよいだろう。

　アタッチメントやドーナッツ論に立ち返る。ハサミが使えるように成長し学習した理由は，与えられた日々の練習の結果ではない。「切りたいけれど切れない」という葛藤のなかで，いつでも「私」を無条件に受け入れてくれ，ハサミを使いこなす文化的実践者であるYOU的な存在がいたからである。そしてそれは，保育者や保護者のような大人だけとは限らない。いつも一緒に過ごしている子どもたち同士の関係も，大きく影響している。

（5）正統的周辺参加（Legitimate Peripheral Participation：LPP）
　ジーン・レイブとエティエンヌ・ウェンガーによれば，学習は新しい参加者が否応なく先からある共同体に対して，周辺から正統的に参加することで起こるという。

　　つまり，学習者は否応なく実践者の共同体に参加するのであり，また，知識や技能の習得には，新参者が共同体の社会文化的実践の十全参加（full participation）へと移行していくことが必要だということである。「正統的周辺参加」は，新参者と古参者の関係，活動，アイデンティティ，人工物（artifacts），さらに知識と実践の共同体などについての一つの語り口を提供するものである。これは新参者が実践共同体（Community of practice）の一部に加わっていくプロセスに関係した話である。一人一人の学習意図が受け入れられ，社会文化的な実践の十全的参加者になるプロセスを通して学習の意味が形作られる。この社会的プロセスは知性的技能（Knowledgeable Skills）の習得を含む，というよりも実際包摂しているのである。
　　　　（『状況に埋め込まれた学習　—正統的周辺参加』ジーン・レイブ，エティエンヌ・ウェンガー，佐伯胖訳（1993）産業図書，p.1）

　園生活で箸が使えるようになったのも，ハサミが使えるようになったのも，この共同体に対しての十全参加であったからにほかならない。もちろん，知性的技能も学習していく。その証拠に４歳や５歳になれば，練習して文字を読むのでもなければ書くのでもなく，おのずと読めるようになり書けるようになっている。

繰り返すが，そのためには文字を読み，文字を書く文化的実践者が，YOU的な存在として存在していることが必要である。

　十全参加とは，練習で参加しているということではない。最初から，完全なる共同体の一部として参加しているということである。決して共同体の補欠でない。考えてみれば，赤ちゃんたちは「私」がいないその時期から，すでに共同体に組み込まれているわけである。当然「私以外」を意識しているわけではないし意識できない。だから最初から共同体に包摂された，共同体への十全参加といえるのではなかろうか。人々の暮らしも，保育所の暮らしも，本来暮らしは，人が育つためにあったはずである。だから赤ちゃんは，共同体の十全参加者とはいえまいか。にもかかわらず，いつからか私たちは，子どもたちや赤ちゃんたちを，何もできない未熟な社会の補欠者として扱っているきらいがあるように思う。

（6）身体と道具の関係　―教えること，教育―

　道具を使えるようになることを学習とした。そこには，知性的技能も含まれている。道具を使うようになったり，知性的技能としての，例えば，言葉や文字を使えるようになったりすると，「私」は「私以外」の人に対して，その取得した学習を伝えようとする。その営みを，ここでは教育として考えたい。マイケル・トマセロは，ヒトは1歳を過ぎた子どもであっても利他的にふるまうことを数々の実験や研究から導き出している。そして，利他的なふるまいは教えるということにつながることも記している。

　　教えるとは，援助しようという動機にもとづく利他的行動のひとつであり，別の個体が使用するための情報を贈与するということです。ヒト以外の数種でも，教えているらしきことが見られはしますが（多くは「単一の行動を実子に対して」に限られますし），ヒト以外の霊長類における積極的な教授行動を，体系的に，実例を重ねて確認した報告はありません。

　　　　（『ヒトはなぜ協力するのか』マイケル・トマセロ，橋彌和弘訳（2013）勁草書房，p.5）

　図3の④に示すのは，この利他的なふるまいによる「私以外」からの「私」への働きかけである。ハサミを使えるようになった者は，ハサミをいまだ使えない者に対して働きかけるのである。こうして，知的技能も含みながら道具を使いこなせるようになっていくのである。

（7）認知すること……自分にとって意味をもつ　―認知スキル，非認知スキル―

　先に示した河原での保育の様子を今一度，思い出してほしい。河原に漂着したさまざまなモノは，最初は意味をもたないただの漂着物であった。混在する状態では，ただのゴミにすぎないわけである。長いもの，光るもの，丸いもの，白いもの，黒いものと，子どもたちはそれぞれがもつ，おもしろいだとか，カッコいいだとかの価値観をもとに集め始める。集めることで，混在から分別が始まる。

　河原の風景でなくても，街中のちょっとした散歩でも，出かける子どもたちは環境から，さまざまなモノを分別している。公園でBB弾をいっぱい拾いポケットに詰め込んでいる。立木や植え込みにセミの抜け殻を見つけ，いくつもいくつも虫かごに入れている。歩道の街路樹のもとで，落葉したイチョウの葉を何枚も重ね束ねている。建物の生垣で，散った椿の花びらを集めている。

　春夏秋冬に，子どもたちは環境からさまざまなモノを分別している。同じ色，丸いもの，同じ形，それぞれの特徴をもって分別をしているのである。分別により，はじめてモノは意味をもち始める。イチョウの葉は，束ねてブーケになったり，椿の花びらは，砂場の食卓でご馳走の材料になったり，モノは素材としての意味をもち始める。そして，このような分別は，並べたり，重ねたり，幾何学や数学とも密接な関係にある。

▲写真7　見つける，拾う，集める，並べる　幾何学や数学と密接な関係がある

　おそらく最初，イチョウの葉は，黄色の葉っぱであった。ところが，周囲には「私」よりも先に知性的技能を獲得している者がいる。簡単にいえば，黄色の葉を「イチョウの葉」と呼ぶことができる「私以外」がいる。だから，いつしか黄色の葉は，私にとってもイチョウと呼ぶモノになった。

　ヴィゴツキーは，図4のように考えた。図は柴田義松による。

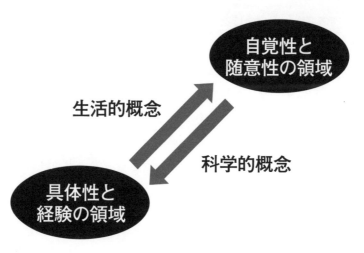

▲図4　科学的概念の形成

（『ヴィゴツキー入門』柴田義松，子どもの未来社，2006，p.103）

　ヴィゴツキーは科学的概念の発達について，具体性と経験の領域から発達する方向と，自覚性と随意性の領域から発達する方法の二方向が必要であると説いている。イチョウでいうならば，散歩先で黄色の葉っぱが見えたので手を使って拾ってみた。拾ってみるのだけれど「私」のまわりには，いつも「私以外」がいる。その「私以外」はすでに言葉を使い，黄色の葉っぱをイチョウと呼んでいる。イチョウと呼ぶ「私以外」は，すでにイチョウを混在するほかのモノから分別し，自分にとっての意味づけをしている。

　ここでいう意味づけは，イチョウは束ねて花束になったり，秋になったら黄色になったり，銀杏と呼ぶ臭い実がつくことなどの，自分とイチョウとの関係のなかで明らかになったことがら，そのことがらを意味づけとして示す。だからイチョウとそれ以外，例えば，モミジの葉は，当然イチョウにはなれない。そしてイチョウという言葉や文字のような抽象概念を，ヴィゴツキーは自覚性と随意性の領域として示した。そこから指し示される矢印として，科学的概念を置いた。

　イチョウを今は意味づけせずに黄色の葉とする「私」と，イチョウをイチョウとして自分に意味づけている「私以外」との間には，イチョウに対しての理解に差異が生じている。そうなると「私以外」は科学的概念とされる矢印からの働きかけを「私」に対して必ず行うことになる。なぜならば，前出したトマセロの考えのように，ヒトは利他的にふるまい，生じた差を埋めようとするからである。できないことはしてあげたくなる。知らないことは知らせたくなる。「これは，イチョウというんだよ」と。

　この5章の冒頭に見た誕生日会のような，身近な人と身近な物の関係のなかで

は，常に差が生じている。差が生じることで，学ぶことと教えることがはじめておこる。学習と教育は「私」と「私以外」との，差異に起因しているといえるのではないであろうか。

（8）認知スキルと非認知スキル　―協働的学びはどこにでもある―

　黄色の葉をイチョウと言葉で話すこと。葉を束ねて，花束として遊べること。銀杏の実がなり，銀杏は食べられること。そして子どもたちも大きくなるうちに，イチョウは裸子植物であり，葉脈は原始的な平行脈で，雌雄異株であることを知識として知るだろう。このことは，認知スキルと呼ばれていることに近い。

　一方，イチョウを拾い集めたのは，環境によって行われた行為であった。イチョウの木はいつも友達と遊ぶ公園にあった。友達と一緒になって，笑ったり泣いたりしながら，一緒になることで一人では集められないほどのたくさんのイチョウの葉を集めた。靴で踏んづけた銀杏の匂いに「くさーい」と大笑いした友達の顔や声。ときには喧嘩もしたけれど，楽しかった。こんなことが，非認知スキルと呼ばれることに近い。

　イチョウは言語という記号である。だからイチョウと記せば，イチョウを知っている人ならば，イチョウを思い描くことができる。しかし，思い描くイチョウの姿は一人ひとり違う。それは，具体性と経験の領域がそれぞれに違うからである。友達の声や，楽しかった思い出や，公園のさまざまな風景や，身近な人，身近なものと共有した経験は，それぞれに違っているからである。

　イチョウを知るということは，言葉のようなイチョウという記号としての抽象概念と，同時に，経験をもとにした具体的な感覚，すなわち具象が必要であるということになる。イチョウという言葉は，具象と抽象の両方でできている。どちらか一方では，イチョウとしては完全な成立をしていない。

　子どもたちは，環境のなかで主体的に行為をする。心を体で表すその行為によって，具体的経験をしているのである。同時に，身近な人との関わりのなかで，言葉や知識という抽象的な概念にも触れているのである。「私」と「私以外」が関係しあうことを協働と呼ぶのならば，学びは常に協働のなかにあり，その結果，非認知スキルを育む機会となっているのである。

3. 保育者の意識
―身近な素材，身近な道具をどう考えるのか―

　素材や道具をテーマに，これまで保育の環境を述べてきた。

　絵を描くためには，クレヨン画がいいのか，マジック画よいのか。牛乳パックを素材に遊べるおもちゃをつくるのは，何歳何か月ごろがいいのであろうか。季節感のある製作はどんなものがあるのか。非認知スキルが育まれるための協働的学びは，どんなテーマを設定するほうがよいのか……。そのような子どもに対しての保育の方法については，この章ではあえて述べていない。だからその意味での，言い換えれば教材としての，道具や素材についても指し示してはいない。

　ここまで論述してきた通り，ヒトが人として育つためには「身近な人」「身近な物」「事象」が必要である。それらは，「私」を取り巻く「私以外」の環境として捉えることができる。その環境から，さまざまな情報を感じ得ることで，私たちはさまざまな欲求を生じさせる。欲求は「こうしたい」との意志として，自己の身体を使い実現させようと行為する。

　そのような仕組みのなかに，体，道具，素材の関係は，十分に見てとれるのではないであろうか。体だけではできないことに対して道具を使い，道具が対象とする素材は，環境の混在を分別することで生まれてくる。保育者が意図する目的に対し，道具と素材を準備することで，学習と教育が成立することだけではなく，「私」と「私以外」の関わりから成り立つ学習と教育が存在することを重点として，この章ではとりあげた。

　なぜならば，日本の国の保育と幼児教育は，子どもが主体的に環境に関わることで成立するということが，保育所保育指針においても，幼稚園教育要領においても，また，幼保連携型認定こども園教育・保育要領においても，明示されているからである。子どもが，おのずから環境に関わることを第一義とした保育を，私たち保育者は意識しなければならない。

【知る（認知する）ということとは？　―認知スキルと非認知スキル―】

事前に準備するもの

・ビニール袋（紙袋でも）

・ティッシュペーパー数枚

・10円玉

（1）2～3人のグループをつくって，次の写真の植物を摘んでこよう。できれ
　　ば，1株程度，葉や茎を摘みビニール袋でもち帰ろう。葉の数にすれば，10
　　枚程度が理想である。

摘むときのヒント

・戸外であれば，町のなかでも，公園や畑の隅でも，どこにでも生えている。

・道路の脇や，街路樹の植え込みにも生えている。おそらく，学校の構内
　にもあるだろう。

・人家の植え込みや，他者の所有する土地で摘むことはやめよう。

・冬は株が小さくなるが，冬でも育つ植物である。

（2）10円玉を磨こう。摘んできた葉と茎を磨き材として使って，ティッシュ
　　ペーパーで10円玉を磨いてみよう。一番，ピカピカになった人が勝ち！　ま
　　わりのみんなで，比べてみよう。

（3）葉を摘んだときのこと，10円玉を磨いたときのことを，簡単な作文にして
　　みよう。

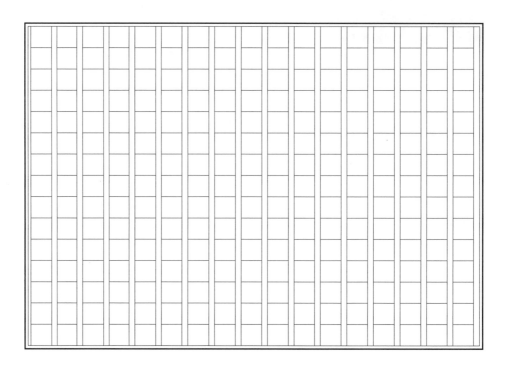

（4）作文が完成したら，次の箇所に該当すると思うところに線を引いてみよう。
　　①は赤い線で，②は黒い線で引いてみよう。

　①　状況が示されている箇所
　　　例：道路の隅に生えていた。10円玉がピカピカになったなど。
　②　自分の気持ちや，一緒に摘んだ友達の気持ちが表れている箇所
　　　例：見つけたときはうれしかった。友達もうれしそうだったなど。

　摘んだ草の名は「カタバミ」である。漢字では，片喰，酢漿草，と書く。摘んだとき，カタバミの葉はどんな状態であっただろうか。3つの葉のうちの1つをたたんだ様子を，片方が喰（は）まれたようなので，片喰としたといわれている。光合成の必要がない夜，また雨や曇りの日には葉を閉じている。カタバミのそばに蝶は飛んでいなかっただろうか。カタバミには，ヤマトシジミという蝶が産卵し，幼虫はカタバミの葉を食べる。であるので，やっぱり片喰なのである。

　こんどは酢漿草。酢とは，お酢の「酢」である。漿は，どろどろしたもの，液状のものを示す漢字だ。10円玉を磨いたときに，酸っぱい香りがしなかっただろうか。作文の①に酸っぱい香りがした，②にだから嫌だったと書いた人もいるかもしれない。酸っぱい液をもつ草なので，酢漿草としたのだろう。

この酸っぱい正体は，酢酸という。化学式では，CH_3COOHとなる。10円玉の汚れは，銅が酸化したもので酸化銅である。酢酸の酸で磨くことで，酸化銅は溶け，10円玉は銅に戻ってピカピカになったわけである。厳密にいえば，酸化還元とはいわないけれども，酸化還元みたいなものである。

そもそも，カタバミはどこに生えていただろう。歩道と塀の隙間や，ブロックとブロックの間や，狭い所に根を張っていたものもあったのではないか。これは，カタバミの種（まるでオクラのような形で，オクラを小さく小さくしたさやのなかに粒が入っている）をアリが運んだからかも知れない。カタバミの種には，エライオソームというアリの好む物質を種に付着させている。だからアリがせっせと運び，アリの歩く道に落とすわけである。それで，芽が出て花が咲くのだ。

草を摘み，10円玉を磨いて遊んだ。この遊びのなかに，多くのことが隠されていたわけである。子どもたちに，化学式だの酸化還元だの，ヤマトシジミだのカタバミという記号だのと，おぼえてもらうことが遊びの目的ではない。作文に表したように，①の赤い線は，どちらかといえば，抽象概念を表している箇所である。本章の解説では，ヴィゴツキーを用いながら科学的概念の矢印で示した箇所である。②の黒い線は，どちらかといえば具象概念を表している。矢印は，生活概念である。同時に，①は認知スキルに近く，②は非認知スキルに近いといえる。これらの両面が相まって，カタバミは意味づけされるわけである。だから，カタバミを見ると，友達の声や笑顔，そして，今書いてきたような化学式だの酸化還元だの両面が思い描かれ，私にとってのカタバミがつくられるわけなのである。①だけでも，②だけでも，カタバミにはなれないのである。

これで，ようやくカタバミは「10円玉が磨けるぞ！」と，私にとって意味のある草となったわけである。みなさんにとっても，今までこの草は，ただの雑草だっただろう。けれど今からは，カタバミになったわけである。このようなことが，混在から分別し意味づけするという行為なのである。子どもたちは，日々環境のなかで，こうして自分にとっての意味づけをしているわけなのである。そして，先人たちが文化として分別し名づけてきた片喰や酢漿草として，私自身に認識させたわけである。私たちは環境の一部である限り，すでに文化的実践のなかにいるのである。

このように，子どもたちが環境のなかで主体的に過ごすこと自体が学びであることを理解できたら，本章とこの演習は大成功である。

第**6**章

地域社会・施設との関わり

1. 地域社会は関係の範囲

　地域社会という言葉から，何を連想するであろうか。自宅のまわり。自分の通う学校のまわり。職場やアルバイト先の自分のまわり。日常的に買い物をしたり，遊びに出かけたり，自分の暮らしに直結するようなまわりを，私たちは地域社会と感じているのだろう。

　「まわり」としたのは，自分と他者との関わりを私たちは自分のまわりとし，その関わりの場や場面を社会として捉えている。だから社会とは，自分と自分以外の関わりと言い換えることができる。そもそも「社会」という言葉は，明治期の訳語であるという。それまでは，社会ではなく世間と呼んでいた。世間は字のままに，間柄，すなわち，つながりあう関係のことであろう。

　一方，同じような地形，同じような性質をもつ範囲を地域と呼んでいるが，私たちが日常，地域として捉えている範囲は，自己が関係を構築している場所としての範囲ではないであろうか。自己の生命をつなぐための関係の場所としての範囲を，地域として捉えている。生命をつなぐとなると大げさだが，生きていくために寝たり食べたり働いたり遊んだりする活動の範囲を地域として捉えているのだと思われる。

　地域社会とは，自己の生命を保持するための，活動する関係の範囲と言い表せそうである。簡単にいえば，暮らしている範囲ということである。ここで明確にしておきたかったことは，暮らしは「関係」のなかにあるということである。関係はもちろん，私と私以外の関わりのことである。

関係の範囲は、ときには地域を超える。例えば、ソーシャル・ネットワーク・サービス（SNS）でつながる関係。遠くの知らない人とも、つながりあうことができる。『あつまれ動物の森』や『マインクラフト』のようなゲーム世界も、バーチャルな場所と関係をつくり出している。しかしこれは、地域とはいえないであろう。なぜならば、身体と身体を突き合わせながらの関係、その土地や風土を身体で感じ合う関係がないからである。

「お暑いですね」と行きかう人たちは、会釈とともに何気ない挨拶をした。その土地の風土がもたらす事象をともに感じ合い、間柄を築いた。ともに身体で感じている共通の理解が、そこには存在する。しかし、これはSNSやゲームの世界では感じようがない。身体が存在しないからである。どうやら地域社会は、身体が感じ合う共通の風土の範囲ということもできそうである。

2. 特殊な世界と日常

保育所や幼稚園、認定こども園の環境は、特殊世界といってよい。なぜならば、保育や幼児教育をするための環境だからである。それは普遍的な環境ではない。小さな椅子とテーブルに同じ園服を着て向かい合わせで着席することも、みんなで連なって決められた時間にトイレに行くことも、色画用紙で季節感をもたらすような制作物をつくり壁面を装飾するようなことも、ましてや門扉や玄関にウサギだのパンダだのアンパンマンだのが待ち受けていることも、そのような生活環境は一般的ではない。すなわち非日常である。

地域社会が暮らしの範囲であることは述べた。暮らしていくうえでは、保育所や幼稚園などは特殊世界である。もちろん、保育所や幼稚園などによっては生活環境としての保育を工夫しているところもたくさんある。ただし、力を入れたところで、0歳から小学校就学前の子どもたちが、保育者の立案するカリキュラムによって生活や学んでいるのであるから、暮らしの世界からは遠く離れてしまう。同じ年齢の子どもが同じ目的に向かい集団で過ごすところは、保育所、幼稚園、学校などくらいのものであろう。

一方、保育所や幼稚園、学校なども含めて、その施設の外に出れば、そこは暮らしの広がる世界である。行きかう人々も、散歩する犬も飼い主も、通り過ぎる自動車も、みんな暮らしのために活動している。すなわち、生命をつなぐために活動をしているのである。さらに風も吹けば雨も落ちてくる。制御できない風土としての事象が、そこにおこっている。

風土では、生態系としての循環が形成されている。春ならば、ソメイヨシノに

ヒヨドリが止まり，夏ならば湧きあがる雲にトウモロコシの畑は沈黙する。花も鳥も空も風も，その事象のなかに存在し，同じようにその事象のなかにいる私を含めてのみんなは，身体に事象を刻み込むのである。これは，特殊世界の出来事ではない。日常という大きなリズムのなかに繰り返しておこる出来事なのである。

　ひとつ園を出て，外に出かけて見ようではないか。そこには，日常という暮らしそのままの世界が広がっているのである。その暮らしの世界に取り込まれることで，子どもたちは暮らしのもつ志向性，すなわち人々が生きていくための活動の方向に触れ，学ぶことができるのである。同時に，事象に触れることで，その地域のもつ風土そのものを，自己の身体で感じ味わうことができるはずである。

　地域社会は「関係」の範囲である。その関係の範囲へ出かけることでの育ち，すなわち学びは保育所保育指針，幼稚園教育要領，幼保連携型認定こども園教育・保育要領の領域「環境」のねらい及び内容が示すとおりである。興味も関心も，不思議さも変化も，数や形も，性質も仕組みも，すべて身近な環境との関わりのなかに包摂されているのである。本章の表題は保育所保育指針などの環境の内容「生活に関係の深い情報や施設などに興味や関心をもつ」からきているのだが，当然，子どもたちは身近な環境との関わりのなかで具体的に経験をしていく。なぜならば，身近な環境そのものが暮らしの世界であるからである。

　倉橋惣三は『育ての心』で次のような文章を残した。倉橋は学究者であり，また保育者であった。保育は園舎だけでは完結できない。外へ，外へと私たちも子どもたちもいざなう。時代を超え倉橋はまさに，現代の私たち保育者の気持ちを代弁しているように思う。すこし長いけれども，次に記したいと思う。

　　秋　晴
　　　秋晴れの好季が来た。子どもたちのために恵まれた戸外の季節だ。一日半日の日光も無駄にしてはならない。
　　　春の日はなごやかに，秋の日は硬い。春の草は柔らかく，秋の草は粗い。春にやさしく迎えた子どもたちに，自然は，もうそろそろ此のくらいの訓練を与えようとしているのか。
　　　秋の気は澄み，空は高い。子どもたちをしていっぱいに胸をはらせよ。子どもたちをして高々と上を仰がせしめよ。
　　　春の花陰。夏の葉陰。秋は朗々として大空の下。歌の声もおのずから調子が張り，舞う足もおのずから強く踏む。秋の自然が其の教育案に一味の硬性を加えんとしているのか。
　　　とにかく，貴重な秋晴れだ。一年三百六十五日，晴日幾日かある。今や，その，シーズンだ。

（『育ての心（上巻）』倉橋惣三（2008）フレーベル館〔倉橋惣三文庫〕，p.97）

3. 新型コロナウイルスと保育

　本章を表している今，COVID-19いわゆる新型コロナウイルス感染症が蔓延している。児童福祉法が1947（昭和22）年に定められ，現行法での保育施策が行われるようになってから，保育所は，はじめての事態への対応を迫られている。保育所に限ったことではない。幼稚園も，認定こども園も，児童福祉施設も，そして行政も社会も，みんな経験をしたことのない対応を迫られている。

　保育所，幼稚園などに限ってみれば，混乱の理由の一つに，根拠法の違いがある。児童福祉法である保育所と学校教育法である幼稚園の違いである。学校教育法による幼稚園は，学校教育法施行規則第63条において「校長は臨時に授業を行わないことができる」とされ，幼稚園においてもこれを根拠に休園することが可能と判断されている。また，同法の第37条には，幼稚園の教育週数が年間39週であることが示されていることから，新型コロナウイルス感染症が蔓延している時期を休園し，年間で教育時間を調整することが可能であることも理解できる。

　一方，保育所は児童福祉法による社会保障制度の一つである。保育所制度は，休園をすることを想定してつくられてはいない。だから，休園するための法律と手続きがない。その意味で，児童福祉法第39条の「保育を必要とする乳児・幼児」という文言は，平成29年の児童福祉法改正前の「保育に欠けるその乳児又は幼児」とするほうが正しいように思う。

　医療従事者のみならず職務を休止できない職業は相当数ある。また，家庭の事情にて保育を必要とする子どもたちも相当数存在する。その職務にあたる保護者の子どもたちも，家庭の事情にて保育の必要な子どもたちも，当然，保育に欠けている。だから，その保育を補完するために保育所は休園してはならない。

　学校教育としての保育と社会保障としての保育を，一元化しないままにわが国の教育・保育とした混乱が生じている。ナカ黒（・）を使い，教育・保育とした子ども・子育て支援法を含め，すべての子どもに何が必要であり，何を教育と保育とするのであるかを問い直す必要が生じている。

4. 地域社会と保育

　保育内容の「環境」として，地域社会をどのように捉え保育に生かしていくのかを考えることが，この章の目的である。しかし，今後その考え方や方法は，お

そらく大きく変化していくと思われる。保育所保育指針などの領域「環境」として，地域社会との関りのとして期待され具体的に明示されている保育内容は次のとおりである。

●1歳以上満3歳未満児「環境」内容の取扱いより

地域の生活や季節の行事などに触れる際には，社会とのつながりや地域社会の文化への気付きにつながるものとなることが望ましいこと。その際，保育所内外の行事や地域の人々との触れ合いなどを通して行うこと等も考慮すること。

●3歳以上児「環境」内容より

⑥　日常生活の中で我が国や地域社会における様々な文化や伝統に親しむ。

⑪　生活に関係の深い情報や施設などに興味や関心をもつ。

　保育所，幼稚園などは，園のまわりとの関係を築くなかで，子どもたちが上記の内容を経験し，学ぶ機会としてきた。実際には，地域のお祭りやイベントに参加したり，図書館や美術館に出かけたり，商店街で買い物をしたりするような園外との関わりを築くことで，そのような機会をつくってきたわけである。また，プロジェクト型アプローチのような保育の計画をもとに，社会資源を利用しながらの保育も行われている。

▲写真1　食材を買いだす

▲写真2　地域のイベントに出かける

　今後，このような関係が続けられることを希望はしているが，果たして可能であるのであろうか。新型コロナウイルス感染症の予防は，人と人のコミュニケーションのあり方を見直すように求めている。そのなかで保育所は，開所を前提とし，保育の必要な子どものための社会保障とともに養護と教育を保障していかなければならない。そのためには新たな地域社会のあり方を考え，どのように関係を結んでいくのかを模索していかなければならないであろう。

5. 交換の方法

　地域社会は関係の範囲であると示した。関係は，生命を維持するためにある。すなわち，衣食住の活動を行うための関係である。衣食住は交換をなくしては成立しない。お腹がすいたならば，その関係のなかで，パンをもらうなり買うなりするしかない。これを交換と表そう。

　哲学者の柄谷行人によれば，交換（交換様式）は，4つのタイプになるという。A互酬交換（贈与と返礼），B服従と保護（略奪と再配分），C商品交換（貨幣と商品），D（X）。お腹がすいてパンを買うのならばCの交換である。お金でパンを買う。この方法は，現在私たちが一般的に行っている交換方法である。

　一方，BとAはお金で物を買う以前の時代が想像しやすい。ただし，現代でもお歳暮やお中元のようにA互酬交換（贈与と返礼）も行われてもいる。従属しいうことを聞けばパンはもらえるBと，パンをもらったのでお礼にリンゴをあげたAは，貨幣があらわれるC以前の社会であるという。歴史で言えば領主に年貢を納めて命を守ってもらうBと，原始社会のように川で捕まえた魚と山で集めた栗を交換するAのような様式である。

B　服従と保護 （略取と再分配）	A　互酬交換 （贈与と返礼）
C　商品交換 （貨幣と商品）	D　×

▲図1　交換様式

（『戦後思想の到達点』大澤真幸，柄谷行人，見田宗介（2019）NHK出版，p.17）

　ではDとは何か。歴史としては，Dは存在しないと柄谷はいう。そしてDは，Aの高次元での回帰ともいう。資本主義経済のCを経て，Aが再度あらわれることをDとしているのである。なぜ，このような話をもち出したのか。それは，今後の地域社会を保育としての視点で考えると，とくに，この交換様式は有効であると考えられるからである。

6. これからの保育　―地域社会との関わり―

　新型コロナウイルス感染症による特別措置法は，緊急事態宣言を発出させた。このことにより，休園できない保育所などは，自粛という名の保護者への要請の

もとに，登園する人数を減らすことで感染を予防する対策がとられることになる。自粛要請は，保育所にもさまざまな問題と課題を突きつけることになった。その問題と課題は，今後，検証されるべきであると考える。

登園している子どもの保育のみならず，自粛要請に従った保護者と子どもに対して，保育所はさまざまな取り組みを行った。家庭支援，地域支援の観点から，家庭を孤立させないようにアプローチをしたわけである。家庭での育児が少しでも楽しめるように，インターネットで動画配信をしたり，メールで情報を提供している保育所もある。また，電話や手紙を使いアナログながら温かみのあるアプローチをしている園もある。

図２は緊急事態宣言中の筆者の園の園だよりである。簡単なものではあるが，保育所などが家庭との関係をつくることで，地域社会をつくり出していることの一例である。

そのようななかで，地域とのつながりについて，新たな考え方が浮上し始めてもいる。筆者の園でも思いもかけない出来事がいくつか起こった。トイレットペーパーやティッシュペーパーが一時，不足した折には，登園する子どもの保護者たちが家庭にあるトイレットペーパーやティッシュペーパーを園にもち寄り始めた。おそらく家庭でも不足しているのにもかかわらず，一つ二つと園にもち寄り，２か月分は足りるであろう量が集まった。不足するマスクは，卒園児の保護者が園全員の子どもの人数分と保育者分を縫ってもってきてくれた。消毒液は薬剤師の保護者が購入してきてくれた。私たち保育者は，どんなに助かったことか。また，その行為に対し，どんなに感謝しただろうか。

さらには，卒園児の保護者が経営する飲食店のお弁当を，園で販売することを続けたのだが，園に通う保護者のみならず，近隣の方も買いにくるようになった。そこにはみんな，人と人がつながること

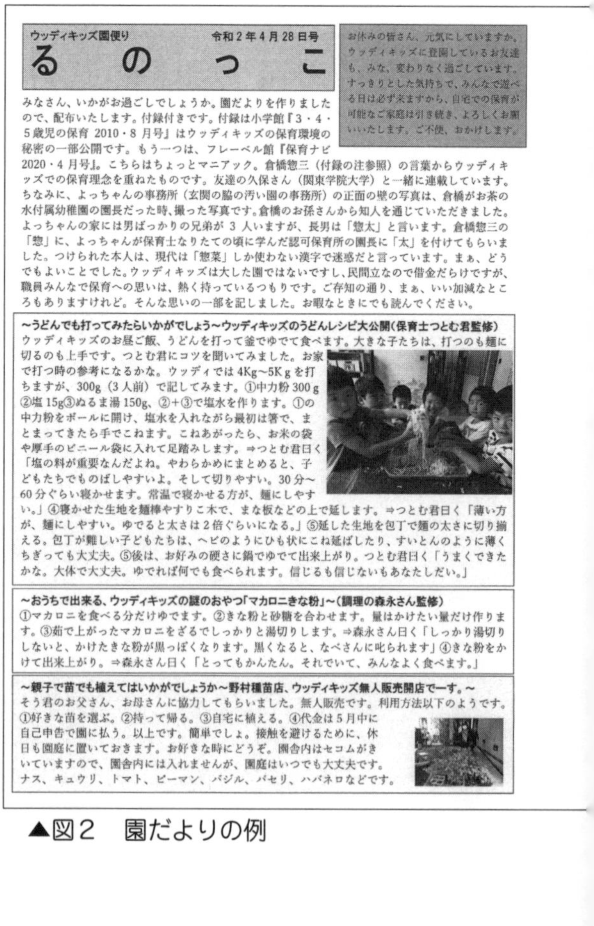
ウッディキッズ園便り　令和２年４月28日号

るのっこ

お休みの皆さん、元気にしていますか。ウッディキッズに登園しているお友達も、みな、変わりなく過ごしています。すっきりとした気持ちで、みんなで遊べる日は必ず来ますから、自宅での保育が可能なご家庭は引き続き、よろしくお願いいたします。ご不便、おかけします。

みなさん、いかがお過ごしでしょうか。園だよりを作りましたので、配布いたします。付録付きです。付録は小学館『３・４・５歳児の保育 2010・8 月号』はウッディキッズの保育環境の秘密の一部公開です。もう一つは、フレーベル館『保育ナビ 2020・4 月号』。こちらはちょっとマニアック。倉橋惣三（付録の注参照）の言葉からウッディキッズでの保育理念を重ねたものです。友達の久保さん（関東学院大学）と一緒に連載しています。ちなみに、よっちゃんの事務所（玄関の脇の汚い園の事務所）の正面の壁の写真は、倉橋がお茶の水付属幼稚園の園長だった時、撮った写真です。倉橋のお孫さんから知人を通じていただきました。よっちゃんの家には男ばっかりの兄弟が 3 人いますが、長男は「惣太」と言います。倉橋惣三の「惣」に、よっちゃんが保育士なりたての頃に学んだ認可保育所の園長に「太」を付けてもらいました。つけられた本人は、現代は「惣菜」しか使わない漢字で迷惑だと言っています。まぁ、どうでもよいことでした。ウッディキッズは大した園ではないですし、民間立なので借金だらけですが、職員みんなで保育への思いは、熱く持っているつもりです。ご存知の通り、まぁ、いい加減なところもありますけれど。そんな思いの一部を記しました。お暇なときにでも読んでください。

～うどんでも打ってみたらいかがでしょう～ウッディキッズのうどんレシピ大公開（保育士つとむ君監修）

ウッディキッズのお昼ご飯、うどんを打って釜でゆでて食べます。大きな子たちは、打つのも麺に切るのも上手です。つとむ君にコツを聞いてみました。お家で打つ時の参考になるかな。ウッディでは 4Kg～5Kｇを打ちますが、300g（3 人前）で記してみます。①中力粉 300ｇ②塩 15g③ぬるま湯 150g、②＋③で塩水を作ります。①の中力粉をボールに開け、塩水を入れながら最初は箸で、まとまってきたら手でこねます。こねあがったら、お米の袋や厚手のビニール袋に入れて足踏みします。⇒つとむ君曰く「塩の料が重要なんだよね。やわらかめにまとめると、子どもたちでものばしやすいよ。そして切りやすい。30 分～60 分ぐらい寝かせます。常温で寝かせる方が、麺にしやすい。」④寝かせた生地を麺棒やすりこ木で、まな板などの上で延します。⇒つとむ君曰く「薄い方が、麺にしやすい。ゆでると太さは２倍ぐらいになる。」⑤延した生地を包丁で麺の太さに切り揃える。包丁が難しい子どもたちは、ヘビのようにひも状にこね延ばしたり、すいとんのように薄くちぎっても大丈夫。⑤後は、お好みの硬さに鍋でゆでて出来上がり。つとむ君曰く「うまくできたかな。大体で大丈夫。ゆでれば何でも食べられます。信じるも信じないもあなたしだい。」

～おうちで出来る、ウッディキッズの謎のおやつ「マカロニきな粉」～（調理の森永さん監修）

①マカロニを食べる分だけゆでます。②きな粉と砂糖を合わせます。量はかけたい量だけ作ります。③茹で上がったマカロニをざるでしっかりと湯切りします。⇒森永さん曰く「しっかり湯切りしないと、かけたきな粉が黒っぽくなります。黒くなると、なべさんに叱られます」④きな粉をかけて出来上がり。⇒森永さん曰く「とってもかんたん。それでいて、みんなよく食べます。」

～親子で苗でも植えてはいかがでしょうか～野村種苗店、ウッディキッズ無人販売開店でーす。～

そう君のお父さん、お母さんに協力してもらいました。無人販売です。利用方法以下のようです。①好きな苗を選ぶ。②持って帰る。③自宅に植える。④代金は５月中に自己申告で園に払う。以上です。簡単でしょ。接触を避けるために、休日も園庭に置いておきます。お好きな時にどうぞ。園舎内はセコムがきいていますので、園舎内には入れませんが、園庭はいつでも大丈夫です。ナス、キュウリ、トマト、ピーマン、バジル、パセリ、ハバネロなどです。

▲図２　園だよりの例

の笑顔があった。このような事例は，筆者の園だけではない。ほかの園でも同じようなことがおこっていた。事例のような人と人の関係は，先に示した交換様式のDとはいえないだろうか。

買うという貨幣による交換だけではなく，物と物との交換。マスクとお礼である。これは，贈与と返礼にほかならない。保育という行為に対しての気持ちがトイレットペーパーやマスクに代わったのではないであろうか。それに対して，私たち保育者は保育のできることのよろこびを「ありがとう」と返したのではないであろうか。

そこには，あの人にマスクをつくればよろこばれるだろうという，顔の見える範囲による交換があった。たくさんの量はつくれなくとも，あの人が必要な物はつくれる。そこによろこんでもらいたいという，相手への思いが生じるのではないか。つながることでみせたお互いの笑顔は，その思いに生じたのだろう。

地域との新たなつながりとは，端的にいえば，地域社会，すなわち関係の範囲において暮らしが完結していけるようなつながりをつくるということである。職住近接や地産地消など，すでに環境問題などでも提起されている社会のつくり方でもある。情緒的に記すならば，顔が見え，心が通うような範囲での暮らしができるということである。保育所などは，その中心になれないであろうか。

少子高齢化のなかで，地域の子育て支援を担うよう，不特定多数に開かれる保育所などが目指されてきたが，ここにきて，役割はそのままにその方法を変更せざるを得なくなっている。これからは地域に暮らす人々の，特定で少人数の関わりを維持していくための保育所などが必要になるのかもしれない。その関わりのなかで，保育所保育指針などの環境が示す内容を，私たちは保育として行っていくことになるように思う。むしろそれは，心の通う関係でのつながりをつくることであり，豊かに子どもが育つためには願ってもない環境である。

人には話さない、秘密の散歩先シリーズ2　秋留台公園周辺散策

あきる野市立の公園では、現時点ではコロナウイルス対策による遊具の使用注意をしていますが、使用は制限していないとのこと。手洗いや、「密」にならないことなどに気を付けながら、使用してくださいとのことでした。（あきる野市管理課）。ただし、市立の草花公園などの駐車場も利用制限で使用できないとのことです。

都立公園である秋留台公園は、現時点では駐車場の制限はしていない様子。園内は、1時間以内の散歩や、マスク着用をお願いしているようです。この所、秋留台公園は普段より多くの利用者がいます。では、どうでしょう。公園の駐車場を利用しながらも、公園の外を散歩されても良いかも。勝手に市役所方面や駐車台市役所駐車場でも良いかも。

市役所方面～旧図書館（現在シルバー人材センター）までの畑道を通り、市役所から五日市街道を渡り（横断歩道をわたりましょう）、畑の中の道を歩いて五日市線を見て、南間の立体交差方面へ。（意外と車が通るので注意）。南間の立体交差付近には骨骼鶏の小屋もあります。面倒ならば、秋留台公園の南でも東でも、どこでも畑の中の道をお散歩できます。

さて、畑道で例をするる。道の脇には、ヒメノオドリコソウ、タンポポ、アカバナユウゲショウ、チガヤ、ナズナ、カラスノエンドウ、ナガミヒナゲシ（嫌われていますが）など咲いています。終わりかけですが、菜の花もいっぱい咲いています。セイヨウミツバチ、ニホンミツバチ、テントウムシも出てきました。地味ですが、雑草を探したり、虫を見つけたりするのは面白いです。スマホで検索しながら、どれがどれか探すのはどうでしょうか。このようなことを、同定するといいます。そう、現実の体験から自己に意味づけしていくことですね。雑草の名前を覚えることが目的ではなく、実際に散歩を歩き、体感しながら目の前のことに意味づけしていく。同時に、お母さんやお父さんの所を表情も体験していくわけです。お母さんと一緒に摘んだ思い出のホトケノザって具合です。そうやって子どもたちは、それぞれの辞書を自分に作っていく。ホトケノザという文字が読めるようになった時、文字の奥行きが広がるのです。ホトケノザという文字に、お母さんやお父さんの表情も思い浮かべ、楽しいポジティブな思い出とともによみがえるからです。これを、頭が良いというのです。

5月7日らのこと～現状と同様です。日曜、祝日は休園。その他は開園しています。家庭での自粛が可能な方は協力をお願いします。（別紙、あきる野市（写し）参照）。報告～保育者の職場にて、新型コロナウイルスの感染者が発生しました。市、保健所の指示も何ぞながら、園の判断も含めて、保護者、子どもともに2週間の健康観察期間、さらに念のための1週間をプラスして3週間の健康観察期間を設けさせていただきました。その間、発熱等の症状や感染の疑いがない、また濃厚接触者でもありませんので、勤務の必要な職種でもあることから、現在は全園を再開しています。結果として3週間のお休みをし3頃、すでに、育った。他の保護者の皆さんにも報告いたします。

編集後記～シュッシュとしていて思うこと～消毒をかけながら～

来る日も来る日も門前から手すりやらに消毒液をかけている。科学の知識として教えられた正しいと思われる行為で、見えないウイルスを来る日も来る日も殺そうとしている。

自分が小さな時、小学校にかずえちゃんという女の子がいた。昔のことで、私を含め、みな今のような小ぎれいな国でもなく、塀も家庭も似た方寄ったりであったが、かずえちゃんだけはみんなに「バイキン」というあだ名でよばれていた。そして、避けられていた。今、消毒をし、手指を洗っているとそのことを思い出す。

スーパーで買い物をしても、銀行で金をおろしても不安すぎる。買い物ごは大丈夫。キータッチで染らないだろうかと。自分の手指を、自分の身体を、防御すれば防御するほど、自分以外を信じなくなっている。要請に応じないパチンコ店とパチンコをする人、コンビニですれ違うマスクをしていない人、私の防御を無駄にする人を憎しみの対象にしてしまう自分が居る。愛護というこの国の、一見、人権を尊重しているように見える同調圧力の中で、要請に応じ容易ない私に対しては湧きあがるように思う無言が露望しているという思い。

こうやって、人と人に断絶が生まれるのだろう。こうやって、かずえちゃんはいわれのない嘲笑感と孤独を味わったのだろう。このことを、今は「いじめ」と言っている。私たちはこの危機の中で、だれかをいじめてはいないだろうか。自問自答する毎日である。

酒口　義朗

【調べて，さがしてみよう】

（１）保育者としての保育の観点を探ろう

　　倉橋惣三『育ての心』をもう一度，じっくりと味わって読んでみよう。秋晴れのもとで遊ぶ子どもたちの様子，一緒に遊びながら，それを感じている保育者の姿が目に浮かびましたか。さて，目に浮かんだ秋晴れの風景をもとに，環境の内容と照らし合わせてみよう。今回は下記の３歳以上児の内容を用い，育ての心の秋晴れの場面をあなたの思う内容に振り分けてみる試みです。

　　（イ）内容

　　　①　自然に触れて生活し，その大きさ，美しさ，不思議さなどに気付く。

　　　②　生活の中で，様々な物に触れ，その性質や仕組みに興味や関心をもつ。

　　　③　季節により自然や人間の生活に変化のあることに気付く。

　　　④　自然などの身近な事象に関心をもち，取り入れて遊ぶ。

　　　⑤　身近な動植物に親しみをもって接し，生命の尊さに気付き，いたわったり，大切にしたりする。

　　　⑥　日常生活の中で，我が国や地域社会における様々な文化や伝統に親しむ。

　　　⑦　身近な物を大切にする。

　　　⑧　身近な物や遊具に興味をもって関わり，自分なりに比べたり，関連付けたりしながら考えたり，試したりして工夫して遊ぶ。

　　　⑨　日常生活の中で数量や図形などに関心をもつ。

　　　⑩　日常生活の中で簡単な標識や文字などに関心をもつ。

　　　⑪　生活に関係の深い情報や施設などに興味や関心をもつ。

　　　⑫　保育所内外の行事において国旗に親しむ。

振り分けてみよう

ルール①　答えはありません。自分なりに，秋晴れの日の印象を保育内容の環境と結びつけることが目的です。実際に保育をするときに，遊びや生活をより深く見ることが大事です。

ルール②　秋晴れの一行目を私なり振り分けてみました。単語と理由を書いてあります。同じようにして，それぞれの感覚で２行目からを書き込んでください。

ルール③　振り分けできましたか。できましたら，隣の人と見比べてみましょう。同じところもあれば，違うところもあるはずです。その違いが，保育

者としての違いであり，それぞれの観点です。違う見方をすることで，より，子どもや保育を多角的に理解することが可能になります。とくに保育所保育は，専門家の集団が複数で行う職業です。互いの違いはそのまま，多様で豊かな保育を生んでいくことになります。画一化，同調するのではなく，専門家としての互いの違いを大事にしていきましょう。

秋　晴

　秋晴れの好季が来た。子どもたちのために恵まれた戸外の季節だ。一日半日の日光も無駄にしてはならない。

　春の日はなごやかに，秋の日は硬い。春の草は柔らかく，秋の草は粗い。春にやさしく迎えた子どもたちに，自然は，もうそろそろ此のくらいの訓練を与えようとしているのか。

　秋の気は澄み，空は高い。子どもたちをしていっぱいに胸をはらせよ。子どもたちをして高々と上を仰がせしめよ。

　春の花陰。夏の葉陰。秋は朗々として大空の下。歌の声もおのずから調子が張り，舞う足もおのずから強く踏む。秋の自然が其の教育案に一味の硬性を加えんとしているのか。

　とにかく，貴重な秋晴れだ。一年三百六十五日，晴日幾日かある。今や，その，シーズンだ。

①
日光（キラキラしている不思議さ）
②
戸外（室内とは違う性質）
③
秋晴れ（季節の変化），季節
④

⑤	
⑥	
⑦	
⑧	
⑨	
⑩	
⑪	

（2）地域社会の社会資源を知ろう

　地域社会は関係の範囲であると記しました。さて，そこであなたのまわりの関係を地理的に示したいと思います。あなたの自宅を中心にして半径2キロメートル以内をリサーチしてください。リサーチする内容は，㈰あなたが関係する場所（例えば，よくいくコンビニエンスストアなど），㈪関係したことはないが公共的な施設（例えば，特別養護老人ホーム，保育所，役所など）です。下記の表に例示のように記入してみてください。リサーチの方法はインターネットや地図アプリなどが便利です。

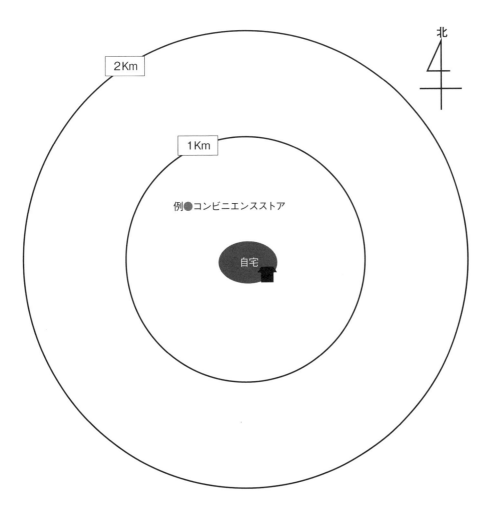

例●コンビニエンスストア

自宅

北

2Km

1Km

第7章

情報機器との関わり

1. 社会の情報化，教育の情報化と保育

（1）社会の情報化

　私たちの身のまわりには，どんな情報機器があるだろうか？　スマートフォン，タブレット，携帯型ゲーム機，パーソナル・コンピュータ（PC），音楽プレーヤーなど，実にさまざまな機器が存在している。では，そうした情報機器を「使いこなしている」人は，どれだけいるだろうか？

　今日の社会は，生活のあらゆる場面でICT（Information and Communication Technology：情報通信技術，以下ICTと略す）を活用することがあたり前となっている。さらに，人工知能（AI），ビッグデータ，IoT（Internet of Things），ロボティクスなどの先端技術が高度化し，あらゆる産業や社会生活に取り入れられ，社会のあり方そのものが劇的に変わる「Society5.0」時代の到来が，すぐそこまできている。

　情報化が進むなか，乳幼児が日常生活でデジタル機器に触れる機会も増えている。民間企業が行った調査では，0〜2歳児でも情報機器（とくにタブレットやスマートフォン）に触れる機会が増えている実態が明らかになっている。

　今の子どもたちが大人になるころの社会では，ICTを効果的に活用していくことの重要性が一層高まっていくこととなる。そのような社会で生きていくために必要な資質・能力を育むためには，家庭のみならず，保育や学校の生活においても，日常的にICTを活用していくことが不可欠である。

　つまり，未来を生きる子どもたちのために，デジタルの功罪（よし悪し）を含

めて，よりよい関わり方を模索していくことは，これからの保育における重要な役割の一つであると捉えられるのだ。

（2）教育の情報化の動向

現在，小学校以上の教育現場では，児童生徒一人１台の情報端末の整備やデジタル教科書の開発といったICTの環境整備が進められている。とくに2020（令和２）年度からのプログラミング学習の導入（必修化）が話題となっている。

2017（平成29）年改訂の幼稚園教育要領などにおいては，ICTという用語こそ用いられなかったものの，実際の保育現場ではさまざまな取り組みが実施されている。おもにタブレット端末の活用が主流となっており，写真や動画を使った保育記録，テレビ電話を使った遠隔地との交流，プレゼンテーションソフトを利用した伝え合いの活動など，保育のなかでよりよくICTを活用する方法が検討されている。

情報機器は，その使い方次第で，これまでの保育を充実させたり新しい活動が生まれたりする可能性を秘めている。一方で，直接体験の機会や人との関わりを奪ったり，ときには人を傷つけたりする凶器となる危険性ももっている。

社会の動向やこれからの幼児教育の役割を踏まえつつ，日本の保育のよさである「手づくり」の温かさと保育者の工夫を生かしながら，デジタルの活用方法を追究することが必要である。

これからの時代を生きる子どもたちとデジタルとの最初の出会いをどのように形づくっていくことができるか，これが幼児教育におけるICT活用の核となる問いであろう。本章では，こうしたICTの活用について，領域「環境」の視点から考えてみたい。

2. 保育におけるICT活用の考え方

朝，スマホのアラームで目覚め，起きてすぐSNSや気になるネットニュースをチェックする。外出の準備をしながらお天気アプリで予報を確認し，現地までの行き方はナビアプリで確認する。移動中はSNSやソーシャルゲームを通じて世界中の人々とつながることができ，最新の情報や流行を入手することができる。必要な買い物を思い出したときは，ネットで注文すれば翌日には自宅に届けられる。不要なものをネットオークションで売却して，ちょっとしたお小遣いを手に入れることも可能だ……。

上記のエピソードは，現在の社会人の姿の一例である。

　本章のはじめに，情報機器を使いこなしているかの認識をたずねたが，自分では「使いこなしている」という自覚はなくても，自然と生活の多くの場面でICTを使っている人が多いのである。この「生活となじんでいる」状態こそが，実は真にICTを使いこなせている姿といえるのだ。

　では，保育の現場を考えてみよう。保育のなかにICTを取り入れるというと，特別に大がかりなことをしているような印象をもつかもしれない。

　しかし近年，タブレット端末をはじめとした新たな端末やサービスの登場によって，「子どもの生活となじむ」形のICT活用が可能となってきた。

　子どもの生活のなかには，積み木があり，絵本があり，そして情報機器（タブレットなど）がある。そのなかから，子どもが行いたい遊びや保育者の意図に応じて，必要な道具や使い方を選んでいく。情報機器も，あくまで選択肢の一つにすぎないのである。わざわざ「活用している」という意識がなくなったときが，真に保育になじんでいる活用方法といえるだろう。

　デジタルだけ，アナログだけに陥らない，ハイブリットな保育が必要とされている。

　こうした現状を踏まえて，次節では保育現場で行われているICTの活用事例を紹介し，領域「環境」の視点から分析してみたい。

3. 領域「環境」の視点から見たICT活用例

　当然のことではあるが，何でもやみくもにICTを活動に取り入れればよいというわけではない。各領域において育成すべき資質・能力を見据え，活動や取り扱う素材の魅力をしっかり吟味すること。そのうえで，ICTを活用する利点と必然性を踏まえて，活用する／活用しないを選択することが重要である。ICTを活用した活動が，本来の活動を促進したり，より充実したりするように計画していくことが大切である。

　上記をふまえ，保育におけるICT活用の事例を読み学びを深めてみよう。

お散歩の時間に

3〜5歳児

「お外に行く前に，季節の花を見てみよう。どんなお花があるのかな」

「変な虫を見つけたよ。写真に撮っておこう」

「さっきの葉っぱはなんていう名前かな。調べてみよう」

（保育者の解説）

　外遊び（おさんぽ）の活動にタブレットを導入しています。事前の活動では，その季節に地域に咲く花や虫を調べ，散歩中に実物を探します。お散歩中には，気になったもの（植物，虫，看板など）を撮影します。散歩中の安全確保のため，端末は引率する保育者が1台ずつもっており，子どもは撮影したい対象を保育者に伝え，子ども自身が撮影を行います。園に戻ってから写真を見ながら伝え合いの活動が行われます。

　記録が残ることで，四季の変化や人々の生活の変化を振り返ることができます。いずれも，日々のお散歩の活動で大事にしたいことをICTを活用して深めようとしています。

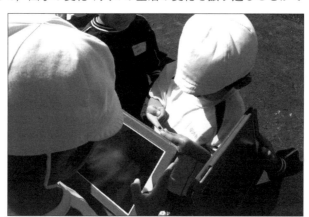

▲写真1　虫を見つけてタブレットで撮影

　本事例は，日々行われるお散歩の活動においてタブレット端末を活用したものである。タブレットは軽くもち運びができるため，外の活動やフィールドワークに適している。その場で発見したことや感じたことを映像や音声でもって帰ることができるのも魅力の一つである。

　領域「環境」の内容としては，「（1）自然に触れて生活し，その大きさ，美しさ，不思議さなどに気付く。（3）季節により自然や人間の生活に変化のあることに気付く。（4）自然などの身近な事象に関心をもち，取り入れて遊ぶ。（5）身近な動植物に親しみをもって接し，生命の尊さに気付き，いたわったり，大切

にしたりする。(10) 日常生活の中で簡単な標識や文字などに関心をもつ。(11) 生活に関係の深い情報や施設などに興味や関心をもつ」などと関連が深いと思われる。

　また，保育者が端末を大切に扱っている様子を見ることで，「(7) 身近な物を大切にする」にもつながるであろう。お散歩という日々の活動をより充実するためにICTというツールを役立てている活用方法といえる。

体操や表現活動の時間に

5歳児

「そのポーズかっこいい！　撮らせて」
「お手本の映像を見てみよう」
「見て，ここをこんな風にしたんだ」

（保育者の解説）
　体操やお絵かきの時間に，子どもが自由に使用できるようにタブレット端末を用意しています。体操の時間には，お友達の演技をカメラで撮影することで，工夫点やコツをよく見ることにつながります。先生の見本映像を見ることで，動きを一つひとつ確認することも可能です。自分もやってみたいという思いを支えてくれます。

　表現活動の時間には，自分の作品やお友達の作品を撮影することで，その作品に込められた子どもの「想い」も共有していきます。また，道具の使い方やちょっとした折り紙の折り方など，見本動画を用意することで，いつでもチャレンジできるような環境を整えることに役立ちます。歌を録音して，自分たちの歌声を聞き直している様子も見られます。

▲写真2　お互いの作品を撮影

　タブレット端末をはじめとしたオールイン型の機器を使えば，その場で録音・録画・再生が可能である。言葉だけでは伝えることが難しいことも，記録を再生することで視覚的・聴覚的なイメージが加わり，伝えることを助けてくれる。

　本事例は，領域「環境」の内容「（2）生活の中で，様々な物に触れ，その性質や仕組みに興味や関心をもつ。（7）身近な物を大切にする。（8）身近な物や遊具に興味をもって関わり，自分なりに比べたり，関連付けたりしながら考えたり，試したりして工夫して遊ぶ」などと関連が深いと思われる。

　ただし，見本動画などを利用する場合には，保育の本質である子ども主体の活動を忘れてはならない。例えば，なわとびの遊びでは，子どもたちがオリジナルの跳び方や縄の使い方を発見していくことも大切な活動である。「二重とび」「クロスとび」といったいわゆる「技」は，大人が決めてしまった跳び方であり，その習熟だけが目的になってしまうような活動に陥らないように注意が必要である。

　子どもたちのかっこよくなりたい，チャレンジしてみたいといった思い，心身の発達，ほかの活動とのバランスを考えながら，見本映像を導入していくことが効果的である。ICTを使うことでちょっとしたスキルを効率的に習得し，それにより自由な遊びがよりいっそう発展する。そんな相乗効果を期待したい。

事例

読み聞かせの時間

2～5歳児

「ほんものみたいに動くね」

「うわ！　大きくしたら，ここの触角もよく見えるよ」

「先生，ほかの本も読みたい」

（保育者の解説）

　読み聞かせの導入として，絵本に関係する写真や動画を見せることで，その世界観を演出します。また，読み聞かせのあと

▲写真3　デジタル絵本のしかけに親しむ

　絵本は子どもにとって重要な存在である。絵本に親しむことを通じて，子ども
はさまざまな情報を受け取っていく。現在，電子機器で読める絵本やお話も大量
に配信されている。絶版になってしまった本などもすぐに手に入れることができ，
広い読書経験をもたらすことも期待できる。また，ICTならではの表現（拡大縮
小，3D表示，動くしかけなど）が，より深くお話に親しむきっかけにもなる。

　領域「環境」の内容としては，「(2) 生活の中で，様々な物に触れ，その性質
や仕組みに興味や関心をもつ。(6) 日常生活の中で，我が国や地域社会におけ
る様々な文化や伝統に親しむ。(7) 身近な物を大切にする。(10) 日常生活の中
で簡単な標識や文字などに関心をもつ。(11) 生活に関係の深い情報や施設など
に興味や関心をもつ」などと関連が深いと思われる。

　他方，本物の本（紙）に触れ，その質感や文字，絵，ページをめくる感覚を味
わったりする体験は，これまで同様大切にされるべきである。付箋や印をつけた
り，書き込んだりするなど，くり返し読むうちに本がボロボロになることで物を
大切にする気持ちを育むことにもつながる。ここでもやみくもにICTを活用する
のではなく，本物の本のよさとデジタルならではのよさをよく検討したうえで，
導入することが必要である。

　アナログ対デジタルという対立ではなく，大切なのはやはり保育のねらいであ
る。ねらいを達成するためにはどのツールが適しているのか，デジタル絵本も紙
の絵本も，そのねらいを達成するための選択肢として捉えられるべきであろう。

事例

アプリでの疑似体験

3〜5歳児

「こうやってお掃除すればいいんだ」

「こんな風に見えるんだ。夜になったら，本当の星を見よう」

「次はこのパズルをやってみよう」

（保育者の解説）

　　幼児向けアプリには，リアルな活動につながるヒントがたくさんあります。星空，楽器，お手伝いなど，アプリでの疑似体験が本物への興味関心へとつながっています。園のなかで直接体験するのは難しいことや，すぐには準備できないものを疑似体験することが可能です。アプリで遊んだあと，家に帰って保護者と星空を眺めたり，それぞれ楽器をつくってオーケストラごっこに発展したりしていました。

　　また，お絵かきやパズルなどはおもしろいことが起きます。みんなで一つの画面に手を伸ばして協力して遊ぶのです。本物のお絵かきやパズルでは，自分の作品をつくっているときに，ほかの人に手を出されたら嫌がることが多いと思いますが，タブレットだと自然に数人で活動しているのです。これもデジタルのよさなのかもしれないと感じています。

▲写真4　数人で協力して遊ぶ

　幼児向けや福祉関係のアプリやWebサービスは盛んに開発されており，良質で無料のものも多い。AR（拡張現実）やVR（仮想現実）などの最新技術を用いて，園内では体験できないことや，時間や場所の壁を越えた疑似体験がアプリを通じて簡単に可能となる。

　領域「環境」の内容では，「（2）生活の中で，様々な物に触れ，その性質や仕組みに興味や関心をもつ。（6）日常生活の中で，我が国や地域社会における様々な文化や伝統に親しむ。（9）日常生活の中で数量や図形などに関心をもつ。（11）生活に関係の深い情報や施設などに興味や関心をもつ」などとに関連が深いと思われる。

　こうしたアプリやWebサービスでの間接的な体験をいかに子どもの実体験と結びつけていくかがポイントとなるであろう。最近は，博物館や動物園などの休館中や夜間の様子を見ることができるサービスが人気である。普段見られない野生に近い姿が画面上で見られるだけでなく，実物の大きさやにおいはどんなだろ

うと直接会いたいという気持ちを高めてくれる。本物もデジタルも両方に親しんでいく。そうした経験を重ねることで子どもの経験はより豊かなものになっていくだろう。

事例

遠隔地との交流

4〜5歳児

「こらちは朝の　じゅうじさんじゅっぷん　です。そちらは今，なんじですか？」

「おばあちゃん，この前の歌の続き教えて」

「えさはなにをあげたらいいですか？」

（保育者の解説）

　テレビ電話のアプリを使って，他園や専門家とつないで，映像を見ながらお話しすることで，より多くの情報を伝えることができます。相手の表情がわかるというのもさることながら，背景の様子や自然，動物，物など，園内だけでは見られないものを見せてもらうことも可能です。本物に会いたい，見たいという積極的な思いや関心を育みます。職員間で用いれば，遠隔での会議も可能です。

　デジタルの強みは，空間と時間の壁を越えることができることである。インターネットを経由すれば遠くの地とリアルタイムでつながることができる。

　領域「環境」の内容では，「（3）季節により自然や人間の生活に変化のあることに気付く。（6）日常生活の中で，我が国や地域社会における様々な文化や伝統に親しむ。（11）生活に関係の深い情報や施設などに興味や関心をもつ」など

と関連が深いと思われる。

　園には呼べない専門家とつながる，海外の同世代と交流する，他県の子どもや異年齢のお兄さんお姉さんとつながることも可能である。老人ホームとつながり，昔話や伝統の遊びを教えてもらうなどの事例も報告されている。災害時や感染症の拡大によって登園ができない際，遠隔保育や保育者による動画配信が行われるようになったことも記憶に新しい。

　ここで大切なのは，デジタルを用いる必然性である。交流をしたくても（あるいは体験させたくても），それが難しいとき，ICTは力を発揮する。例え場所は離れていても，心の距離を少し近づけることにICTは寄与してくれるだろう。

事例

プログラミングの体験

5歳児

主　　題：ふくわらいを楽しもう

実施日：2019年12月

対　　象：5歳児9名

活　　動：お正月あそび（ふくわらい）

活動の流れ：

　1　紙の素材でふくわらいを楽しむ

　2　完成した顔をタブレットの写真機能で取り込む

　3　幼児向けプログラミングアプリで動きをつける

　4　つくった作品をデータ共有し，さらに自分のキャラクターをつけ加えて作品を広げる

（保育者の解説）

　自分たちがつくった作品が動くという，デジタルならではの体験によろこびと楽しさを感じているようでした。思いをもって動きを考え，その動きに近づくように，グループのお友達と試行錯誤しながら命令ブロックをつなげている姿が見られます。一つのキャラクターの動きをつくるだけでなく，ほかの登場人物を用いて，お話づくりに展開していきます。デジタルならではの表現方法による子どもの創造性を，あらためて感じています。

コンピュータとよりよくつき合っていくためには，コンピュータそのものの機能や仕組みを知ることが大切である。プログラミングの活動は，デジタルの世界を知る＝デジタルに親しむ方法として，その展開が期待されている。

これは，領域「環境」の内容「（2）生活の中で，様々な物に触れ，その性質や仕組みに興味や関心を持つ。（8）身近な物や遊具に興味をもって関わり，自分なりに比べたり，関連付けたりしながら考えたり，試したりして工夫して遊ぶ」などと関連が深いと思われる。

現在，さまざまな子ども向けのプログラミング教材が開発されており，ブロックをつなげるような感覚でプログラミングができる「ビジュアル型プログラミング言語」は，幼児でも操作が可能である。2020（令和2）年度から必修となった小学校プログラミング学習においては，プログラミングのスキルよりも「プログラミング的思考」に代表される論理的思考力を育むことが目的とされている。そこでは，デジタルに捉われず，広く身のまわりや子どもを取り巻く世界にある「物事の不思議や本質・法則」に，子どもなりに試行錯誤しながらアプローチし，考えていく活動が大切にされている。

これは，幼児教育の環境を通した感性や感覚へのアプローチとも親和性があるものとなっている。デジタルの体験も豊かにするという視点から，プログラミングの活動は，これからの保育におけるICT活用として，可能性を秘めた分野であるといえよう。

ここまで保育現場でのICT活用の事例を紹介してきた。

保育におけるICT活用を考える際に，もっとも重要なのが「ICT活用の必然性」である。前述の通り，やみくもにデジタルを導入したり，まして無理やり使用したりする必要はない。デジタルのよさも本物のよさも保育者がしっかり吟味したうえで，保育のねらいを達成するために有効であれば，ICTを利用すればよいのである。

なお，本節で紹介した事例は，本来はすべての領域（5領域）の内容が総合的にからみ合っている活動である。ここでは，領域「環境」の視点のみ解説しているが，5つの領域すべてに密接に関連していることを再度確認しておいてほしい。

4. これからの保育とICT活用

本章では，情報機器との関わりについて，領域「環境」の視点からそのあり方を考えてきた。最後に，これからの保育とデジタルとの関係について考えてみた

い。

　これまでのデジタルの活用は，あくまで「間接的な体験」であり，本来の「直接的な体験」を補うものという意味合いが強かった。しかし，これまで以上にICTを活用することが求められる子どもたちにとって，デジタルとのよりよいつき合い方を探るためには，デジタルの世界の特徴について理解を深めることが必要である。

　すなわち，デジタルの世界や仕組みそのものを知ったり親しんだりすることを目的とした活動も，これからの時代を生きる子どもたちにとっては，重要な実体験の一つとなっていく可能性が極めて高いということである。

　こうした体験を支える教材や活動づくりはすでに始まっている。なかには，デジタルを使わない（アンプラグド）教材も開発されている。例えば，新しく始まったNHKの教育番組「テキシコー」（2019年12月第1回放送）は，いわゆる「プログラミング学習」の教材番組であるが，身のまわりのさまざまな物事（アンプラグド）を対象としながらプログラミング的な活動を展開している。番組では，生活のなかに隠れている法則や，効率的な（うまく進めるための）解決方法を考えること，シミュレーション（頭のなかで想像）する楽しさの体験など，「プログラミング的思考」を軸に，幼児期の遊びや保育の視点にもつながるような活動が展開されている。

▲テキシコー

（NHK for School：https://www.nhk.or.jp/sougou/texico/）

　ICTは日々進化していく。その使い方は無限大であり，唯一絶対の正しさとい

うものを見つけるのは難しい。大事なのは，それぞれの生活やそれぞれの園の実態に合わせて，「よりよい」活用方法を考え続けることであり，そういった考え方や姿勢を，保育者が子どもたちに示すことである。

　目の前の子どもたちが大人になる20年後の社会をイメージしながら，今できることを試行錯誤していく。子どもに近い保育に携わる者として，子どもとデジタルとの最初の出会いのあり方を考え続けることが大切である。

　どんなに技術が進化しても，人には替えられないことが必ずある。ICTのこともしっかり知ることで，その限界，すなわち人にしかできないことが見えてくるだろう。その先にAI時代の新しい保育が形づくられていくのだ。

【さがして，紹介してみよう】

（1）「デジタル絵本」とはどのようなものでしょうか？　デジタル絵本と紙絵本はどのような違いがあるでしょうか？　あなたの考えを書きましょう。

....
....
....
....
....
....
....

（2）あなたの携帯電話・スマートフォン（またはパソコン・タブレット端末など）を使ってワークをします。

①「デジタル絵本」について調べ，興味をもったデジタル絵本を探しましょう。差し支えなければ，デジタル絵本をインストールして実際に自分で使ってみましょう。そのうえで，デジタル絵本を紹介し合ってください。

　　・見つけたデジタル絵本名：..

・デジタル絵本の特徴と紹介

②あなたが「これなら子どもの育ちの一助になる」と考える「アプリ」を探し
てみてください。差し支えなければ，興味をもったアプリをインストールし
て実際に自分で使ってみましょう。そのうえで，アプリを紹介してください。

・見つけたアプリ名：

・アプリの特徴と紹介

・このアプリを使うと子どものどのような点において育ちにつながるでしょうか。
あなたの考えを書きましょう。

第 8 章

数量や図形との関わり

1. 数や形との出会い

　二つの同じ大きさのバケツに，片方は半分まで，もう片方には一杯まで砂が入っている。両方をもちあげて重さを比較したあと，「どうだった？」とたずねられたら，あなたなら何と答えるだろうか？

　次の場面は，砂場であそぶ二人の子どものやりとりである。

　　Aくん「見て，こっちのバケツのほうが強い！」
　　Bくん「じゃあ，そっちがおとうさんバケツだね」

　両方のバケツをもちあげて重さを比べたあと，Aくんは砂がたくさん入っているほうを「強い」と表現した。Bくんはそれを聞いて「力強い」→「おとうさん」を連想したようだ。ぐっと力を入れてもちあげた砂の重み，それが「重い」ではなく「強い」という言葉で表現されたのである。

▲写真1　砂場で遊ぶ

大人なら「こっちのほうが重い」と事実の報告で済ませてしまいそうであるが，このとき，子どもが砂の重さから感じとったのは重さだけではなかった。このときの砂の量は，「強さ」や「家族」の意味合いも含まれていたのである。このように，子どもは数量を遊びのなかで体全体で感じ，その子なりの「意味をもった数量」として豊かな感性で捉えていく。

　保育者は，子どもがこのような体験に十分にひたることができるように，環境を工夫し，援助していく必要がある。数学的な「正しさ」や「正確さ」とは少し違う，この豊かな時間を保障することが，体験を通した数量や図形との出会いの醍醐味である。

　幼児教育における数量や図形との関わりについて，幼稚園教育要領などに示さた領域「環境」の内容では，以下の通り示されている。

　　　（9）日常生活の中で数量や図形などに関心をもつ。

　ここでは，「数量や図形についての知識だけを単に教えるのではなく，生活の中で幼児が必要感を感じて数えたり，量を比べたり，様々な形を組み合わせて遊んだり，積み木やボールなどの様々な立体に触れたりするなど，多様な経験を積み重ねながら数量や図形などに関心をもつようにすることが大切である」とされている。

　また，数量や図形との関わりについては，幼児期の豊かな経験を積み重ねた結果として表れてくるとされる10の姿においても，その一つとして取りあげられている。

　　（8）数量や図形，標識や文字などへの関心・感覚
　　　遊びや生活の中で，数量や図形，標識や文字などに親しむ体験を重ねたり，標識や文字の役割に気付いたりし，自らの必要感に基づきこれらを活用し，興味や関心，感覚をもつようになる。

　これらに共通するのは，冒頭で紹介したような，子どもが日常生活や遊びのなかで数量や文字に接し，親しむ経験である。決してはかり方や数え方，単位などの知識を特別に取りあげて，教え込むような指導ではないことを押さえておきたい。

　それでは，保育のなかで多様な経験を積み重ねながら数量や図形などに関心をもつとはどういうことか。本章では，子どもと「数量や図形」との関わりに対す

る基本的な考え方・捉え方，その具体的な方法を考えていく。また，それを支える保育者自身が，身近な数や形を改めて捉え直すことの重要性にも迫ってみたい。

2. 子どもと数量との関わり

（1）身のまわりの「数」

　みなさんのまわりには，どんな「数」があるだろうか。クラスの人数，気温，日時，時間，飲み物の量……無数の「数」が存在している。

　では「数」とは一体何だろうか？　「数」そのものは，実在するわけではなく，頭のなかで便宜上捉えているものである。つまり，数とは「概念」である。人はこの数という概念によって，さまざまな情報を可視化し，把握できるようになる。また規則性や法則性を見いだし生活に役立てている。

　当然ながら，子どもがはじめからこの概念をもっているわけではない。抽象的な概念は，具体的な物事に関わることを手がかりにして育つ。これは幼児教育の環境や体験を通して学ぶことの根底である。「数」の概念の獲得も，具体的なものをさわったり数えたりするところから始まるのである。

　保育者の役割とは，子どもが身のまわりの事象に関わるなかで行われる数学的な表現（数える，比べる，はかるなど）を見逃さず，数量的な関係が認識できるように環境を調整することである。本節では，子どもの「数」の概念の獲得に着目しながら，幼児期にふさわしい「数」との出会いと保育者の役割について考えてみたい。

（2）数の概念獲得の道筋

　数の概念の獲得には，おおむね3つの段階があるという。すなわち，①数詞の段階，②計数の段階，③量感覚の獲得の段階である。

　①数詞の段階とは，「1，2，3……」と数字を声に出していう，またはいおうとするレベルで，まだ数を概念として把握しているものではない。何かを数えているような姿が見られるものの，声に出している数と目の前の数は必ずしも一致していないような状態である。

　②計数の段階とは，物と数を一対一で対応させながら数える，または数えようとする段階である。生活や遊びのなかには，物と数を一対一で対応させる（何かを数える）場面が豊富に存在している。数えることを繰り返すなかで，その対象がおはじきでも，友達でも，石でも，「1」は「1」であるということが感覚的に獲得されていく。

③量感覚の獲得とは，見かけに左右されずに量を捉えられる，または捉えようとしている段階である。幼児期の発達段階の特徴として，きわめて視覚に左右されやすいという特徴がある。例えば，同じ個数のおはじきであっても，並べ方が違えば一方を「多い」と判断してしまう。一つひとつ具体的に数えていかなければ，両者が同じ数であることを理解しにくいのである。具体的な操作（一つずつ数えたり比べたりするなど）の経験をくり返し積むことで，やがて操作をしなくても頭のなかで量を捉えられるようになっていく。それゆえ幼児期には，具体物を用いながら，数とものとの関係性を確かめていくことが数量感覚を豊かにしていくために大切なのである。

こうした数の概念の獲得のプロセスを踏まえて，子どもの発達段階に沿った保育の工夫が必要となる。

ここで以下の図を見てほしい。

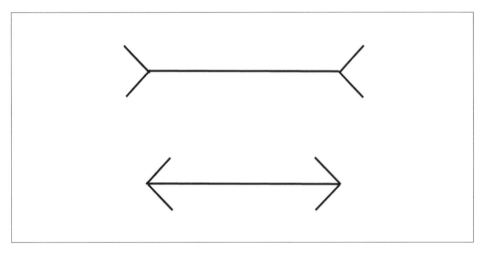

▲図1　ミュラー・リヤーの錯視図

上の矢印と下の矢印では，どちらが長いだろうか。本当はどちらも同じ長さであるが，違って見えるだろう。上の線のほうが長く，下の線のほうが短く見えるのではないだろうか。

これは人の視覚と脳のはたらきの特性を生かした有名な錯視図である。子どもの感覚と同じとは言い難いが，見かけの大きさと実際の数との違いを楽しみながら改めて体験してもらいたい。

同じであることを確かめるために，矢印の矢の部分を隠してみたり，定規で実測したりすることで，両者が同じ長さであることが確かめられる。そして，一度同じであることが確かめられれば，次に見たときには「見た目は違うけれど，実

は同じなんだ」ということが頭のなかでわかるだろう。

　子どもとまったく同じではないが，これが具体的な操作を通じて数や形を確かめるという感覚である。そこには，おどろきやワクワク感，意外性といった感動がおこり，それがまた次の不思議の解明へと導いてくれる。こうした経験をたくさん積み重ねながら，子どもは数の感覚を豊かにしていくのである。

（3）数の種類と性質の理解

　数詞についてわかり始めると，生活のなかで数量を意識する場面が増えてくる。数量には，大きく分けて２種類があり，どんぐり，葉っぱ，道具，お友達など，一つずつ数えられる量を「分離量」という。それに対して水の量，時間，気温，長さなど，つながっていて区切ることのできない数量を「連続量」という。それぞれの特徴を，子どもは遊びや生活のなかで感覚的に身につけていく。

　例えば，３リットルの水は，２人で同じ量（1.5リットルずつ）に分けることができる。だが，３人のお友達を２つのグループに分けるのはどうだろうか。当然ながら人を1.5人にすることはできない。そこで，もう一人お友達を呼んできて，２人ずつのグループをつくるなどの工夫が生まれてくるのである。こうした活動を通して「数量」のもつ性質に対する感覚を身につけていくのである。

　もちろん，子どもにこれらの正しい名称などを覚えさせる必要はない。だが，保育者は数に関する知識や概念を豊富に身につけておき，子どもがその性質にたくさん触れられるように，環境を構成していくことが求められる。そのうえで保育者は，子どもが数に関わっている場面を逃さず捉えて，数のおもしろさに気づくよう援助していくことが必要なのだ。

（4）自分なりのものさしで世界と向き合う

　子どもが数量を捉えようとするとき，数学的な基準（センチメートル：cm，キログラム：kg，温度：℃）や客観的な比較（並べて長さを比べる，天秤にのせて重さを比べるなど）だけでなく，自分の身体の感覚で捉えようとすることも多い。数学的な知識を得る段階の前に，ぜひこの「自分なりのものさし」を大切に，たくさん使ってもらいたい。

　例えば，足のうら○個分の長さ，自分が片手でもてる重さ，さわってみて感じた冷たさなど，数量に対して，子どもは自分の身体全体の感覚でその対象を捉えようとする。自身が過去に経験した感覚と照らして，今回のものがどうであるかを全力で探っていく。そこで表現されるのは，「これはすごく長い」とか，「これはちょっと重い」とか，「熱いんだけど冷たい」といった他人には理解しがたい

その子どもなりの捉え方である。だが，そういった自分のものさしを使った体感を重ねることで「大きい」とはどういうことか，「重たい」とはどういうことかが徐々に獲得され，やがて他者と実感を伴いながら共有できるようになっていくのである。

保育者は，そこで数学的な正しさのみで説明してしまうのではなく，子どもそれぞれの「自分なりのものさし」を認めたり比較したりしながら，数量と関わっていることを見守る態度が必要であろう。

そして感覚的に得てきた数量のイメージと，数学的な基準が重ねられたとき，はじめて数量の具体的なイメージ（例えば，50kgという重さ，100mという長さ，あるいは100℃のお湯の熱さなど）が頭のなかに再現されるのである。さまざまな数量が自身の肌感覚と結びついている，これが数量に対する感覚の豊かさといえるであろう。そのために，あらゆる数量に全身で触れられるようにしたい。

▲写真2　重さ・長さ・太さなどを感じられる芋掘り

（5）時間の感覚

視覚で対比しやすい量に対して，目に見えない時間の概念を育てることは難しい。大人でも楽しい時間は短く感じ，つまらない時間は長く感じるが，とくに子どもは，個人のそのときの感情に左右されやすい。

時計や時間に関心をもつことは大切であるが，知識として時刻を理解しているだけでなく，生活を通して時間の感覚を十分に培うことが大切である。たとえば，お昼ごろおなかがすいてくる＝だいたい12時前後，おやつをみんなで楽しく食べる＝だいたい15時前後，保護者が帰ってきて抱きしめてくれる＝だいたい18時前後，といった具合に，体の感覚と時間のマッチングが日常生活のなかで自然と行われていくことである。

そのためには，毎日の時間の流れを一定にすること，そして，子どもの生活リズムを無視して時間の流れを細切れにしないことがポイントである。こうした積み重ねを通して，子どもは一日という感覚を身につけていく。

（6）数量との関わりのポイント

　ここまで，子どもと数量との関わりについて述べてきた。子どもは実際に手や体を動かし行ってみることで，数量の感覚をみがいていく。大人の感覚（数学的に正しい名称，正しいはかり方，正しい定義など）にしばられることなく，その子どもならではの捉え方を大切にしながら，数量との関わりを見守りたい。

　そのためにも，保育者自身も生活のなかで，数量に対する発想やイメージを豊かにしていきたい。部屋にある物を自分の手のひらではかってみる，園庭の遊具を歩幅ではかってみるなど，自分の身体で世界を捉えてみると意外な発見があったりする。今一度自分なりのものさしを大切にし，数量のもつさまざまな側面を楽しんでもらいたい。

3. 子どもと図形との関わり

（1）身のまわりの「形」

　図形も数同様，頭のなかで抽象化してつくられていく概念である。

　自然のなかに存在するさまざまな形を単純化することによって成立したものが，円，三角形，四角形の３つの図形である。

　実際に子どもがいう「まる」「さんかく」「しかく」は，正確に図形そのものを表す言葉とは限らない。子どもが「まる，まる」といって示しているところを見ると「車のタイヤ」だったというように，例えば，風船は「まる（のように見える）」，おにぎりは「さんかく（のように見える）」，バスは「しかく（のように見える）」といった具合に，その物がもつ図形的要素を発見しているのである。

　生活のなかで出会う形の共通性と特徴を見つけ出しながら，いわゆる「まる」「さんかく」「しかく」といった「図形」を理解していく。

（2）図形の概念獲得の道筋

　上記のとおり図形というのは，自然界のあらゆる形を分類し，共通性をもたせた概念である。では，保育の現場では，形と図形をどのように扱っていけばよいのであろうか。

　保育所保育指針などには，発達に即して，まずは「形」に触れ，やがて「図形」へ対象を発展させていく流れが見て取れる。

　具体的には，乳児および１歳以上３歳未満児の保育の内容には，「形」に触れる視点が示されており，３歳以上になるとそれが「図形」と明記されている。

【乳児保育】

生活や遊びの中で様々なものに触れ，音，形，色，手触りなどに気付き，感覚の働きを豊かにする。

【１歳以上３歳未満児】

身の回りの物に触れる中で，形，色，大きさ，量などの物の性質や仕組みに気付く。

【３歳以上児（幼稚園教育要領と同様）】

日常生活の中で数量や図形などに関心をもつ。（下線は筆者）

子どもは生活のなかで，花や葉，小動物，道具，教材など，さまざまな「形」に出会う。視覚だけでなく「ここはなめらかでツルツル」「ここはとんがってていたい」など，触覚からも形の特徴を捉えていく。身のまわりにある形を五感で感じ，十分に触れる経験がベースとなって，やがて無数の形のなかから共通する特徴（辺＝まっすぐな部分，角＝とんがっているところやそのするどさ）を見つけ，理解するようになっていく。

つまり，０～３歳未満は，多様な形に触れてその特徴を感じ取る時期，３歳以上はその特徴の共通性を共有（抽象化）し，また具体的な場面で応用していく時期といえる。すなわち，形や図形の概念の獲得には，具体化→抽象化→具体化という流れがあるのだ。

例えば，顔には（まゆげ，目，鼻，口，耳など），たくさんの部分と人それぞれに形がある。まずは一つひとつのパーツや，一人ひとりの形の違いに触れていく（具体化）。やがてまゆげは，「横に細長い四角みたいだ」「鼻は三角形のようだ」「口はつぶれたまるに見える」という具合に，各パーツのもつ特徴を理解していく（抽象化）。そして，お絵かきの場面で，上記の特徴を利用して顔の絵を描くようになる（具体化）。

▲写真３　図形との関わり

こうした具体化と抽象化を往環することで，子どもは形や図形の感覚を豊かにしていくのである。

（3）空間の把握

　ここまでは図形という2次元の概念について触れてきた。ここで3次元，つまり立体の概念について触れてみたい。

　おおむね2歳半ごろで上下と前後が分かるようになってくる。しかし，左右の区別は，5歳ごろまで把握が難しい場合もある。なぜならば，左右というのは，自分の体の向きによって位置関係が変わってしまう相対的なものだからである。ある地点で「右」だった方向が反対を向いたら「左」になってしまう。また，90度向きを変えると今後は「前」や「後ろ」だったはずの方向になってしまう。

　そこで，自身の身体を利用すると左右の感覚がわかりやすい。着替えのとき，靴を履くとき，手を洗うときなどに，「右手と左手」「右足と左足」「右目と左目」など，対になる部位を示しながら「右」と「左」という感覚を伝えていくことが可能である。

　また，水平・垂直を表現することは5歳児でも難しい。例えば，山登りの絵を描くと，山の急斜面に対して垂直に人や木，建物が立っている絵をよく見るだろう。あるいは，運動会の絵で，上から園庭を見下ろしているようなアングルに対して，人が同じ方向に寝そべっているような描かれ方をする。子どもにとっては，自分はいつも地面に垂直に立っているし，正面を見ていることは自然だからである。大人の視点でこうした子どもの捉え方や表現を無理に修正する必要はなく，子どもの表現したい気持ちや内容を大切にすることが重要である。

▲写真4　立体の製作に取り組む

（4）図形との関わりのポイント

　花びらや葉，昆虫や魚の体形など，自然界は多様な形に満ちている。子どもがこのような形に触れたり，保育者が注目を促すことを通して，さまざまな形に気づき，次第に図形に関心をもつようになることが大切である。

　図形への興味・関心は，日常の生活や遊びの場面で，上記のような具体物の形を意識化することから始めたい。例えば，たくさんのパーツの積み木を箱にぴったり収めるといった経験は，大きさや長さなどの量を比べながら，図形の特徴を

意識化させることにもつながる。

　形から図形を理解する（抽象化する）ことは，ゆくゆくは，図形をさまざまな表現に生かす力として還元される。身のまわりの事象をより詳しく理解したり，機能的に考えたりできるようになるということである。

4. 数量や図形との豊かな関わりのために

　本章では，子どもと数量や図形との関わりについて，そのあり方を考えてきた。数量や図形に関する感覚は，知識として教え込むものではなく，日常生活や遊びのなかで，自然と数や形に触れる機会を捉え，意識化させることが基本である。これについて『幼稚園教育要領解説』の「環境」の内容の取り扱い（5）の解説では，以下のように述べられている。

　　　幼児期に大切にしたいことは，習熟の指導に努めるのではなく，幼児が興味や関心を十分に広げ，数量や文字に関わる感覚を豊かにできるようにすることである。このような感覚が，小学校における数量や文字の学習にとって生きた基盤となるものである。

　これは形や図形についても同様である。数えたり，はかったりすることの便利さと必要性に幼児が次第に気づき，また，さまざまな図形に関心をもって関わろうとすることができるよう援助していくことが重要であろう。

　保育者の役割とは，そうした子どもと世界との「小さな出会い」を見逃さないことである。そのためには，保育者自身が身のまわりに存在するさまざまな数や形を捉える感覚を磨くことが必要であろう。

　改めて周囲を見渡してみてほしい。大人にとっては見落としがちかもしれないが，世界はさまざまな数や形との出会いにあふれている。保育者にも，そうした小さな，そして豊かな出会いを楽しんでもらいたい。

▲写真5　さまざまな数や形に出会う

【くらべて，かんがえよう（ふでばこチャンピオン）】

方法

①8〜9人で1チームをつくりましょう。

②あなたのふでばこ一式を出して，チームの中央に出しましょう。

③どのふでばこがチャンピオンでしょうか？　チームのさまざまな観点で「ふでばこチャンピオン」を決めていきましょう（例：長さチャンピオン，もっているペンの本数チャンピオンなど）。

④自分のチームの「ふでばこチャンピオン」を発表し，ほかのチームのチャンピオンについても聞いて，相互で共有しましょう。

チャンピオンの観点	チャンピオン学生	比べた方法
例：長さチャンピオン	○○さん	机の端にふでばこを並べて，長さを比べた。
例：もっているペンの本数チャンピオン	○○さん	チームで一斉にペンの本数を数えていき，最後まで数を言い続けたからチャンピオン

（1）「ふでばこチャンピオン」をやってみて，感じたこと，気づいたこと，考えたことを書きましょう。

....

....

....

....

....

....

（2）「数量」「図形」をキーワードに，子どもが関心をもてる遊びはどのようなものがあると思いますか？考えて書いてみましょう。

キーワード	遊び	遊びのおもしろい点と子どもが関心をもてそうな点
数量		
図形		

第 9 章

標識や文字などに関心をもつ

1. 幼稚園教育要領・保育所保育指針などにおける標識や文字の位置づけ

　子どもは日常生活のなかで，さまざまな標識や文字に囲まれて生活している。街中では，交通標識やトイレ，非常口などの標識が至るところに見られるし，家庭においても新聞や本，雑誌，テレビのテロップなど，さまざまな文字情報があふれている。しかし，これらの標識や文字は，子どもが理解しやすいように配慮されたものではない。

　それでは，子どもが生活する幼稚園，保育所，認定こども園などにおいては，標識や文字に関して，どのように「幼児期にふさわしい」環境を工夫する必要があるのだろうか。とくに，文字に関しては，保護者からは就学までに平仮名の読み書きができるようにしてほしいという要望がある一方，小学校側からは入学時にすでに筆記具の持ち方に癖がついていたり，筆順を誤って覚えていたりする児童がおり，その矯正に困難さを感じているとの指摘もある。このため幼児教育・保育の現場は，両者の板挟みとなっているともいわれている。

　標識や文字に関しては，幼稚園教育要領・保育所保育指針などの領域「環境」の「1　ねらい」に「(3) 身近な事象を見たり，考えたり，扱ったりする中で，物の性質や数量，文字などに対する感覚を豊かにする」と記されている。これを受けて，領域「環境」の「2　内容」で「(10) 日常生活の中で簡単な標識や文字に関心をもつ」と取りあげている。さらに「幼児期の終わりまでに育ってほしい姿」の「(8) 数量や図形，標識や文字などへの関心・感覚」でも，以下のよ

うに示されている。

> 遊びや生活の中で，数量や図形，標識や文字などに親しむ体験を重ねたり，標識や文字の役割に気付いたりし，自らの必要感に基づきこれらを活用し，興味や関心，感覚をもつようになる。

　これらに共通しているのは，幼児期の教育においては，遊びを中心とした生活のなかで標識や文字に触れることで，「どういう意味なのか」「何と書いてあるのか」と好奇心をもって自ら関わり，「標識や文字がわかると便利だ」「自分も書いてみたい」という子ども自身の必要感から，より積極的に標識や文字に関わろうとする態度を育むことの重要性を唱えている点にある。

　小学校教育の先取りのように，子どもに標識や文字をワークブックやドリルなどを用いて「教える」「覚えさせる」，標識や文字を道具として使いこなせるようにするというのではなく，小学校での学びにつながる標識や文字への興味や関心，感覚を育むことが求められている。実際に，幼稚園・保育所などでは，どのような取り組みがなされているのであろうか。

2. 保育における標識

　保育室内には鞄，上着，タオルなど子ども各自の持ち物を置いたりかけたりする場所が指定されている。まだ平仮名を認識できない乳幼児のために，かえる，金魚，うさぎといった動物や植物などの各自のマーク（記号）を平仮名の氏名と合わせて表示している。「ぼくのマークはかえるだから，かえるマークのところに鞄をかける」というように，マークで自分の場所を理解するようになる。

　名札も年中組は，チューリップの形で年中のたんぽぽ組は黄色，年長組は桜の形で年長のにじ組は紫色というように，年齢でバッジの形・色を変えている。年少児も名札の形や色で，同じ年齢，同じクラスのお友達なのか，どの年齢のどのクラスのお兄さん・お姉さんなのかがわかるようになる。

　このように，子どもたちは園での生活や遊びのなかで，標識やマークに意味やメッセージがあることに気づいていく。また，朝の身支度，昼食の準備，帰りの準備などの流れをそれぞれ文字と絵で掲示することで，毎日の決まった活動が掲示を確認しながら自分でできるようになっていく。

その積み木はこっちだよ

4歳児

　保育室内の大型積み木は，壁側の床に形ごとにビニールテープで区切り，それぞれに積み木の形の絵を貼り，子どもたちが自分で指定された場所へ片づけられようにしてある。大型積み木をつなげて自動車ごっこしていたタクヤくんとケンくん。帰りの準備を始めるために片づけを始めたが，ケンくんは指定された置き場所に構わず，近い場所に戻していく。それを見ていたタクヤくん「その積み木はこっちだよ。絵と同じ場所に戻さないと」と声をかける。ケンくんも「そうだね」と絵で確認しながら，積み木を移動させた。

　保育室内や園庭でも，玩具・遊具や教材，素材を置く場所を絵や写真で示すことで，自分たちで片づけができるようになっていく。棚だけでなく，棚にしまうケースでも何を入れるか絵で示すことで，きちんと玩具の種類ごとに分けて片づけることできるようになる（写真1，2）。表示の仕方も発達段階に合わせて絵や写真だけから，文字も併記することで，物の名前や言葉が文字と対応していることに気づき，文字への興味・関心が高まる契機となる（写真3）。

　このように子どもたちは園生活のなかで，さまざまな標識に触れることで，標識は所属や場所，手順などを示す物だと認識していくようになるのである。

▲写真1　年少組の玩具の棚（絵で表示）

▲写真2　年少組の玩具のケース（絵で表示）

▲写真3　年長組の楽器類のケース（写真と文字で表示）

3. 保育における文字

　文字に関する保育者の援助に関して，現行の『幼稚園教育要領解説』では「文字が様々なことを豊かに表現するためのコミュニケーションの道具であることに次第に気付いていくことができるよう，幼児の発達に沿って援助をしていく必要がある。…（中略）…人が人に何かを伝える，あるいは人と人とがつながり合うために文字が存在していることを自然に感じ取れるように環境を工夫し，援助していくことが重要である」と示されている。第1節でも述べたように，子どもが文字を操ることができるよう指導するのではなく，文字に関わる感覚を豊かにして，小学校における文字学習の基盤を培うことが求められている。

　また，第2節でも言及しているが，子どもたちは園生活のなかで標識やマークとともに，徐々に文字に触れている。それにより，文字が生活に役立つ便利なものだと認識すれば，文字を知る必要性を感じ，さらに文字を学びたいという意欲につながっていく。文字への理解が進む年長クラスになると，1日の流れや1週間の予定を文字と簡単なイラストで掲示することで，子どもたちは見通しをもって生活できるようになる（次ページの写真4，5）。

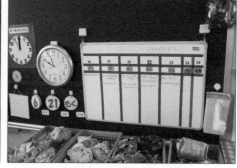

▲写真４　年長組の６月の１日の流れ　　▲写真５　年長組の６月の予定表

　同じ年長クラスでも小学校入学が近づく12月になると，予定の掲示は文字に
よる情報量も多くなり，１週間から１か月へとより長い見通しをもったものにな
る（写真６）。

　写真７は，年長クラスの廊下に掲示されているアサガオの観察記録である。こ
のような掲示などを通して，子どもは文字が物事を記録する道具としても有用で
あることに気づいていく。

▲写真６　年長組の12月の予定表　　　　▲写真７　年長組のアサガオの観察記録

　遊びの場面でも子どもたちは，徐々に文字との関わりを深めている。絵本もは
じめは大人の読み聞かせを聞いているが，次第に自分でも絵本を読んでみたいと
思うようになり，文字に関心を持ち始める。絵本や掲示物のなかに自分や友だち
の名前の文字を見つけて喜んだり，実際には文字になっていない文字や絵を組み
合わせて手紙ごっこを始めたりする姿が見られる。お店屋さんごっこでは，店の
看板をつくったり，自分たちがつくった商品に名札や値段をつけたりして，文字
を使うとより本格的なお店に近づくという楽しさを経験して，文字への興味・関
心が高まっていくのである。

事例

わたしも取りたい

5歳児

　あと4か月で入学という時期になっても文字にあまり関心がなく，平仮名もほとんど読めないメグちゃん。保護者も心配していた。お正月に家族でかるた遊びをしたとき，1歳年下の妹のユウカちゃんがどんどん札を取るのに，メグちゃんは1枚も取れず，「わたしも取りたい！」と大泣きしたとのこと。3学期になると，メグちゃんは園でも保育者に「これ，何て読むの？」と積極的に平仮名の読み方をたずねるようになり，あっという間に平仮名が読めるようになっていった。

　もちろん，子どもの文字への興味・関心は，個人差が大きい。従って保育者は，個々の子どもの文字に関する興味・関心の度合いや，読み書きのレベルに応じた対応が必要になる。正しい筆記具の持ち方，正しい筆順，間違った文字や鏡文字の修正といったことにも，場面に応じて個別に対応をすることが求められる。しかし，何よりも大切なのは，子どもの文字で伝えたいという気持ちを受け止め，文字を読んだり書いたりする楽しさの経験を積み重ねていけるようにすることである。また，保護者にもそのような経験が，小学校における系統的な文字学習の基盤となっていることをていねいに伝えていく必要があろう。

（1）さまざまな場所で見つかるマーク・標識を探して，その意味を調べてみましょう。

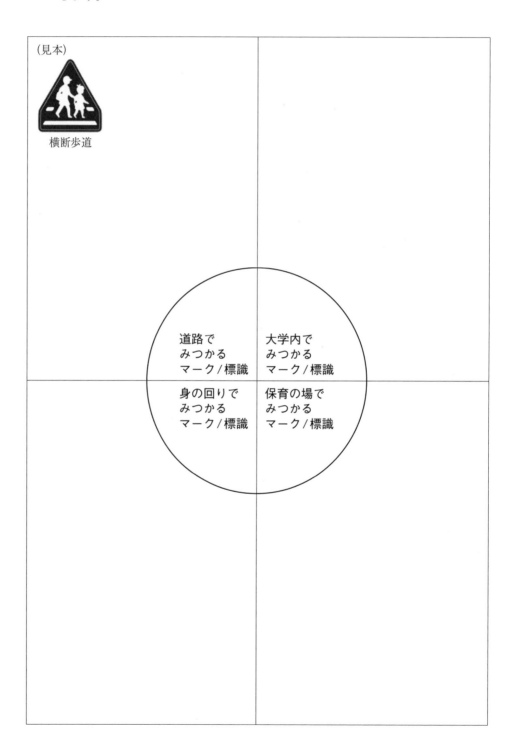

（2）①あなたが生活をする上で必要だと思うマーク・標識を考えて，オリジナルのマーク・標識を書いてみましょう。

（例）居眠り禁止　　　　　　　　　　（あなたの考えたマーク・標識）

②完成したあなたのマーク・標識を見せて，その意味を考えてもらってください。

・（　　　）さんのマーク・標識は，

「＿＿＿＿＿＿＿＿＿＿＿＿＿＿＿＿＿＿＿＿＿」という意味です。

③オリジナルマーク・標識をあなたがつくり，相手に見せて意味を考えてもらったうえで，あなたが気づいたこと，考えたことを書きましょう。

第10章

文化や伝統，行事などに親しむ

1. 子どもを取り巻く「文化や伝統，行事など」

　大辞林第三版によると，「文化」とは，社会を構成する人々によって習得・共有・伝達される行動様式ないし生活様式の総称とされている。

　具体的には，言語・習俗（ある社会内で，習慣となった生活様式，風俗，風習，ならわし），道徳（ある社会で，人々がそれによって善悪・正邪を判断し，正しく行為するための規範の総体。個々人の内面的原理として働くものをいい人間相互の関係を規定するもの），宗教，種々の制度などがあげられる。また，「伝統」とは，ある集団・社会において，歴史的に形成・蓄積され，世代をこえて受け継がれた精神的・文化的遺産や慣習である。さらに，「行事」とは，一定の日を決めて行う儀式や催しのことをいう。

　日本に住んでいるならば，生活するなかで「和」といわれるさまざまな日本の文化や伝統，行事などに触れる機会がある（表1）。

　しかし，近年は生活様式や価値観などが多様化している。それは情報化，グローバル化，都市化による情報や人間が流動しやすくなったことが背景としてある。また，社会の経済情勢の変化や人口減少社会によって優先される生活様式が一般化しにくくなり，個人を尊重して受け入れる考え方が浸透してきていることも背景として考えられる。

　一方で，文化や伝統，行事などに親しむ上で重要な日本が本来もっている季節感や四季の変化が，気候の変動や環境の変化によって感じられにくい事態にもなりつつある。そうはいっても，子どもはどの時代に生まれたとしても，その生ま

▼表1　日本の古くからある独自の文化や伝統，行事など

季節や暦の行事・祭事	五節句	人日の節句，上巳の節句，端午の節句，七夕の節句，重陽の節句
	二十四節気	春（2〜4月）：立春，雨水，啓蟄，春分，清明，穀雨
		夏（5〜7月）：立夏，小満，芒種，夏至，小暑，大暑
		秋（8〜10月）：立秋，処暑，白露，秋分，寒露，霜降
		冬（11〜1月）：立冬，小雪，大雪，冬至，小寒，大寒
	雑節	節分，土用，彼岸，社日，八十八夜，入梅，半夏生
	祝日／休日	元旦，成人の日，建国記念の日，天皇誕生日，春分の日，昭和の日，憲法記念日，みどりの日，こどもの日，海の日，山の日，敬老の日，秋分の日，スポーツの日，文化の日，勤労感謝の日
	祭り	どんど焼き，盆踊り，灯籠流し，七夕まつり，新嘗祭，なまはげ，祇園祭，阿波踊り，高山祭，長崎くんち　ほか
生活・風俗	衣（和装）	振袖・留袖・コート・色無地・訪問着・付け下げ・羽織・小紋・浴衣・紬・絣・御召・丹前・甚兵衛・作務衣・袴・産着　ほか
	食	米，餅，うどん，そば，納豆，豆腐，漬物，梅干，海苔，酢，醤油，味噌，魚醬，わさび，みりん，寿司，刺身，天ぷら，すき焼き，出汁，おにぎり，懐石，雑煮，御節，日本酒，屠蘇　ほか
	住	襖，障子，瓦，畳，座布団，行灯，よしず，すだれ，炬燵，火鉢，扇子，団扇，箒，簞笥，文机，鏡台　ほか
	遊び	蹴鞠，手毬，お手玉，おはじき，めんこ，羽根つき，かるた，双六，福笑い，折り紙，独楽，ベーゴマ，竹馬，ビー玉，けん玉，凧揚げ　ほか
	通過儀礼／人生儀礼	帯祝い，出産，お七夜，お宮参り，食い初め，初節句，七五三，入学・卒業の祝い，十三参り，成人式，結婚，厄年，結婚記念日，長寿の祝い，葬儀，法事　ほか
	慣習	挨拶，お辞儀，正座，相槌，座席，お中元／お歳暮，年賀状／暑中見舞い，熨斗／水引，餞別／土産，名刺，風呂，ラジオ体操　ほか
芸術・芸能	諸芸	茶道，華道，書道，香道，盆栽　ほか
	武道／武術	相撲，空手，合気道，剣道，柔道，弓道，柔術，薙刀，居合道，躰道　ほか
	演劇／舞踊	能，狂言，歌舞伎，車人形，浄瑠璃，文楽，獅子舞，上方舞，新舞踊，日本舞踊，組踊　ほか
	寄席芸	太神楽，伎楽，散楽，曲独楽，ちんどん屋，落語，飴細工，ガマの膏売り，覗きからくり，糸操り人形，猿回し，南京玉すだれ　ほか
	日本画	浮世絵，水墨画，美人画，花鳥画，鳥獣戯画
文学・邦楽	民話	昔話　お伽噺　童話　説話　ほか
	詩歌	和歌・短歌，俳句，川柳，連歌　ほか
	邦楽	長唄，小唄，囃子，雅楽，端唄，童謡，唱歌，わらべうた，国歌　ほか
	楽器	岩笛・石笛，石琴，箏，大正琴，三線，三味線，尺八，琵琶，篠笛，大鼓・小鼓，締太鼓，長胴太鼓

（日本文化いろは事典　http://iroha-japan.net/）

れた環境をまるごと吸収して育っていく。そのため，多様化された変化のある日本社会のなかで育ちながらも，子どもには日本で育つこと，生活することのよさや愛着を感じ，誇りをもってほしい。そのためにも，文化や伝統，行事などを体験し，親しみをもつことが大切である。

事例

七五三の息子

4歳児

　4歳10か月になった息子は，11月に七五三を迎える。4歳児クラスの男の子も，「写真を撮るとき傘をもった」「スーツを着た」など，友達自身が体験したことを話していた。父方の実家で七五三詣と写真撮影を予定していたため，数日前に息子が「おじいちゃんちで，何するの？　七五三するの？」と聞いてきた。七五三に興味をもっているけれど，どんなものかわかっているのかな？　などと思いつつ，「七五三って何することかな？」と聞き返してみた。

　すると，「えーっと，新幹線に乗って『おさむらいさん』になりに行く」と七五三のイメージを答えてくれた。そこで，「生まれて5年間生きてきたことを，みんなでお祝いするんだよ」と伝えた。ところが，当日まで毎日「七五三は何をするの？」と何度も質問し続けた。「5歳になるとお祝いすること」と「お侍さん」が，どうも結びつかないようであった。

　わからないまま羽織と袴を着て，足袋と草履を履き，写真撮影と七五三詣をした。すべての日程を終え，息子は「かみさまに，ぼくをもっと大きくしてくださいってお願いしたけど，おさむらいさんって大変」と疲れた様子で1日の感想をいっていた。

130

子ども自身は経験したことがないことを見聞きしたとき，自分のなかでイメージして，言葉で表現する。しかし，実態がわからないため，大人に何度も聞いて，自分の未体験に対するイメージをつくろうとしていた。

その後，実際に体験し，出来事を実感して自分の経験として吸収する。そして，経験したことを体感として振り返ることや，写真など形に残るものを見て振り返っていった。日本の文化や伝統，行事などに親しむ場合，一生に一度の機会もある。経験することで，自分にとっての行事とその意味合いを自分なりにイメージしていくことができるようになるだろう。さらに，自分以外の人が同じような体験をするとき，改めて自分自身の経験と重ね合わせ，自然に文化や伝統に親しむようになるのだろう。

大人は，意識的に文化や伝統，行事などを生活に取り入れて，日本に対する親しみを育めるようにしていきたい。

2. 領域「環境」における文化や伝統，行事など

保育の場において，文化や伝統，行事などに親しめる活動は，どのように展開されているのだろうか。幼稚園教育要領（以下，「教育要領」），保育所保育指針（以下，「保育指針」），幼保連携型認定こども園教育・保育要領（以下，「教育・保育要領」）における保育の内容，領域「環境」にも文化や伝統，行事などに触れた記載がある。3歳以上の子どもに対する記載（表2）は，教育要領，保育指針，教育・保育要領では，幼児教育施設としての同様の内容が記載されている。

保育の場において，3歳以上の子どもは，自分以外の世界を広げ，どんどんそれらと関わっていこうとする姿が見られる。保育者は，屋外の自然環境を整備することで，天候に合わせた計画を立てることができ，季節の気候による動植物や食材との出会いや，生活するために必要な道具の活用，季節感のある遊びを取り入れることなど，構想に盛り込むことができる。すると，子どもは生活の自然な流れのなかで，季節の変化に気づき，感じて，取り込んだ姿として表すようになるだろう。

また，保育者は，園外で開かれる地域の行事，祭りに子どもとともに参加できるように計画することで，日本の季節に合わせた文化や伝統，行事などを知る，体験することができ，地域やそこに住む人々に親しみとつながり，交わることができるだろう。さらに，今だからこそある「多様性」を前向きに，積極的に活用することで，異なる文化や知らない文化に触れることができる。それは，子どもにとって新鮮で，刺激的で，自分のなかにある新しい世界の窓を開くこともでき，

▼表2　領域「環境」における文化や伝統行事等に関する記載（3歳以上児）

「環境」の内容	詳細な記載
（3）季節により自然や人間の生活に変化のあることに気付く。	・幼稚園内外の自然や地域社会の人々の生活に日常的に触れ，季節感を取り入れた幼稚園生活を体験することを通して，季節により自然や人間の生活に変化があることに幼児なりに関心をもつようにすることが大切である。 ・幼児は日々の生活の中で季節の変化を感じる場面が多い。また，幼児が意識する，しないに関わらず，その変化に伴い，食べ物や衣服，生活の仕方などが変化している。 ・何気なく触れているものでも季節によって感触や感じ方が異なるといったように，幼児自身が全身で感じ取る体験を多様に重ねることが大切である。 ・四季折々の地域や家庭の伝統的な行事に触れる機会をもつことも大切である。
（6）日常生活の中で，我が国や地域社会における様々な文化や伝統に親しむ。	・幼児が，日常生活の中で我が国や地域社会における様々な文化や伝統に触れ，長い歴史の中で育んできた文化や伝統の豊かさに気付くことは大切なことである。 ・地域の祭りに合わせて，地域の人が幼稚園で太鼓のたたき方を見せてくれる機会を作るなど，地域の人々との関わりを通して，自分たちの住む地域に親しみを感じたりすることが大切である。 ・身近な地域社会のvや伝統に触れる際には，異なる文化にも触れるようにすることで，より豊かな体験にしていくことも考えられる。 ・幼稚園生活で親しんだ伝統的な遊びを家族や地域の人々と一緒に楽しむことなどにより幼児が豊かな体験をすることも大切である。
（12）幼稚園内外の行事において国旗に親しむ。	・幼児期においては，幼稚園や地域の行事などに参加したりする中で，日本の国旗に接し，自然に親しみをもつようにし，将来の国民としての情操や意識の芽生えを培うことが大切である。 ・日常生活の中で国旗に接するいろいろな機会をもたせることにより，自然に日本の国旗に親しみを感じるようにさせることが大切である。 ・国際理解の芽生えを培うことも大切である。

内容の取扱い	詳細な記載
（4）文化や伝統に親しむ際には，正月や節句など我が国の伝統的な行事，国歌，唱歌，わらべうたや我が国の伝統的な遊びに親しんだり，異なる文化に触れる活動に親しんだりすることを通じて，社会とのつながりの意識や国際理解の意識の芽生えなどが養われるようにすること。	・幼児は，地域の人々とのつながりを深め，身近な文化や伝統に親しむ中で，自分を取り巻く生活の有り様に気付き，社会とのつながりの意識や国際理解の意識が芽生えていく。 ・四季折々に行われる我が国の伝統的な行事に参加したり，国歌を聞いたりして自然に親しみを感じるようになったり，古くから親しまれてきた唱歌，わらべうたの楽しさを味わったり，こま回しや凧揚げなど我が国の伝統的な遊びをしたり，様々な国や地域の職に触れるなど異なる文化に触れたりすることを通じ，文化や伝統に親しみをもつようになる。

（下線は筆者）

改めて日本に住む，生活をしている意識も芽生えるだろう。

　また，保育指針，教育・保育要領には，満1歳以上満3歳未満の子どもに対する記載がある（表3）。

（満1歳以上満3歳未満児）

「環境」の内容	詳細な記載
⑥近隣の生活や季節の行事などに興味や関心をもつ。	・子どもは，友達や保育士等と共に季節や折々の文化，行事に触れて，その雰囲気を味わったり楽しんだりする。 ・普段の生活とは違う環境の中で，子どもなりに保育士等や友達との一体感，季節や自分の成長の節目などを感じる。 ・子どもは，日常の遊びにも自分の体験したことを取り入れたりしながら，自分を取り巻く地域の自然や伝統文化などに興味を向けるようになってくる。

内容の取扱い	詳細な記載
③地域の生活や季節の行事などに触れる際には，社会とのつながりや地域社会の文化への気付きにつながるものとなることが望ましいこと。その際，保育所内外の行事や地域の人々との触れ合いなどを通して行うこと等も考慮すること。	・毎日の保育の中でも，わらべうたや昔話などを通してその季節や文化を取り入れた遊びを楽しんだり，行事食を体験したりすることで，伝統的な文化に触れるきっかけを得る。

やはり保育の場において1・2歳という低年齢であっても文化や伝統，行事などを体験し，感覚的に捉えるものを求め，成長していくことが望ましい。保育者は，生活習慣のなかで，季節感のある取り組みを配慮することが必要で，気温による子どもの代謝への対応や衣服の調整，屋内外の気温と湿度の調整や旬の食材を食育活動や食事に取り入れることなどが求められる。また，子どもが季節の行事にどのような影響を受け，言動として表現していくのか観察し，子ども自身が発信してくるものに共感し，親しめるような働きかけをしていくことも求められる。そうすることで，日本の文化や伝統，行事などへ親しみやすさが増すだろう。

いずれにしても，保育者はその地域の伝統的な生活習慣を知り，子どもと一緒に過ごして，地域の文化に子どもが親しむ体験をもつことができるように，自らも生活のなかから捉え，学んでいくことが必要である。そして，その地域における文化の由来に興味をもって探求していくなかで，地域にある人的環境や物的環境に積極的な関わりをもち，つながっていくことが大切である。そのような保育者の地域とつながろうとする，人々と関わろうとする態度が子どもに伝播していき，地域への愛着が育ち，地域全体が地域で子どもを育んでいこうとする風土を改めて文化として形成していくと考える。

地域の祭りをクラスで楽しむ

5歳児

　10月の土日に地域のお祭りがある。その祭りはユネスコ無形文化遺産，国指定重要無形民俗文化財としても知られ，毎年多くの観光客が祭りを見に来る。5歳児クラスには，そのお祭りを家族で見に行ったレンくん，ヒロトくんが，祭りの様子をクラスの友達に話していた。

　「縁日もあって，人もたくさんいて，ちょこちょこしか歩けなかったよ」「いろんなところに，動く木の神社みたいのがあって，そこでお面をかぶった人が踊ってた」「夕涼み会で，アズサ先生が叩いていた太鼓とか，ケン先生が吹いてた笛とか，園長先生がやってた鉦の音とかもしたよ」など，観たこと，聞こえたことを率直に話していた。

　その会話を聞いていた地元出身の主任は，その祭りには地域社会の安泰と災厄防除の祈願を目的としていることや，過去にあった大火災への復興策の一つとして祭の奨励があったことなどをわかりやすく伝えた。そして，山や鉾，山車，神輿，獅子頭など，地域の祭りで使うもののことを話した。

　すると，レンくんとヒロトくんは「ぼくらもやってみたい！」と言って，遊びで使う段ボールでつくった太鼓バチと箱椅子を組み合わせ，太鼓に見立てて叩き始めた。保育者も笛を吹いて参加すると，その音を聞いて5歳児クラスや4歳児クラスの友達も太鼓を叩く役，鉦でリズムを打つ役，布をほっかむりにして踊る役，段ボールでつくった獅子ではなく虎頭（夕涼み会でつくっていた）を被って練り歩く役などに分かれ，お祭りごっこを楽しむ日が数日続いた。

　そこで保育者は，机と箱椅子を安全に組んで山車に見立てられるようにした。すると子どもたちはよろこび，見立てたものにあがって祭りの音楽と踊りを楽しみ始めた。音を聞いた小さい年齢の子どもや保育者も観客として参加し，最終的に観客となったほかのクラスの子どもと保育者に披露した。終えると観客の子どもや保育者から拍手喝采をもらった。

　その日は，午後から遊びが始まり時間も夕方になって，保護者もお迎えも始まっていたこともあって，子どもたちは満足した様子で，その日の遊びは終えた。

地域の祭りは，その地域で根づいた文化であり，伝統である。祭りに参加することは身近であるものの，当日の内容は大人がやるものであり，子どもは当事者としての意識で捉えることは難しい。そこで，保育者はごっこ遊びとして地域の祭りを楽しめるように，人的環境や物的環境を構成した。

すると，子どもたちは，祭りをつくる当事者として意識することができ，ごっこの世界に入り込むことができた。お祭りで使う道具を使い，音楽をかけ，身体で表現することに加えて，なぜ，この時期にこの地域でお祭りが開かれるのか，お祭りにかける地元の人の想いに触れることは，文化や伝統に対して，より実感して親しみを感じることができるようなるだろう。

さらに，同じ地域に住むクラスの友達と地域の文化や伝統，行事などに関わって遊ぶことで，地域に住む自分，地域に住んで文化をつくり出す仲間を感じることができるのではないだろうか。保育者として，地域を知り，人を知り，想いを知ることで，地域との文化的なつながりをつくり出せる活動を積極的に展開できるようにしていきたい。

3. 保育の場における年中行事と子どもに育つもの

保育の場においても文化や伝統，行事などに親しむ機会は多い。保育の場では，「年中行事」として年度として1年間（4月1日から始まり3月31日まで）の行事予定が組まれている（表4）。

そして，行事の一つひとつに実施計画が立てられ，それぞれのねらいがある。行事の意味合いとしては，①生活の区切り（学期，1年間，在籍期間など3〜6年間）がわかるような行事，②季節ごとの日本または海外由来の行事，③子ども自身が自分自身の成長を実感できるような行事，④定期的に繰り返すことで生活習慣として子どもが身につけていけるような行事，⑤生活の彩り，変化やおもしろみをもてるようにする行事，⑥その他，おのおのの保育の場独自の行事，⑦園と保護者とが連携・関係する行事などがある。

具体例（表4）にもあるように，保育の場では，さまざまな年中行事が開催されている。これらの年中行事がすべて行われているわけではなく，園の目標や方針，教育課程や保育の計画にもとづいて，子どもの発達年齢に合う形で親しみ，楽しめるように選んで実施されている。

年中行事を実施するなかで，保育者は子どもにねらいをもち，計画を立てていくが，行事の意味合いがあるように，行事が開かれる時期や内容，参加対象者によって，ねらいの立て方が異なってくる。例えば，入園（所）式のような全園児，

行事の意味合い	年中行事
①生活の区切り（学期，1年間，在籍期間など3〜6年間）がわかるような行事	始業式・終業式・入園（所）式・離任式・修了式・卒園（所）式　など
②季節ごとの日本または海外由来の行事	遠足（春・秋）・栽培／飼育体験・敬老のつどい・端午の節句・七夕・夕涼み会・お月見・ハロウィン・クリスマス・もちつき・鏡開き・節分・桃の節句　など
③子ども自身が自分自身の成長を実感できるような行事	誕生日会・身体測定・歯科検診／内科検診・地域の施設見学・運動会・展覧会・生活発表会・水遊び／プール指導・お楽しみ会・お店屋さんごっこ・お別れ会　など
④定期的に繰り返すことで生活習慣として子どもが身につけていけるような行事	避難訓練・安全指導・保健指導　など
⑤生活の彩り，変化やおもしろみをもてるようにする行事	開園を祝う会・食育指導／クッキング・芋掘り・国際理解のイベント・環境／クリーンデー・お茶会・観劇会・自然探検・お泊まり会（宿泊保育）・音楽鑑賞会／ミニコンサート・絵本の貸し出し／読み聞かせ・他園との交流会・近隣小学校との交流会・動物との触れ合い会・スポーツ／障害者スポーツ体験　など
⑥その他，おのおのの保育の場独自の行事	礼拝，宗教に伴う行事　など
⑦園と保護者とが連携・関係する行事	保護者会／クラス懇談会・保育参観／保育参加・個人面談・引き取り訓練・バザー・地域のお祭りへの参加　など

全職員，新入園児保護者が参加する場合，「新入生を迎え，みんなで一緒に入園を祝う」というねらいになる。

　また，同じ時期に進級式も迎えるが，その場合「みんなで大きくなったよろこびと期待をもち，進級を祝う」というねらいになる。端午の節句や節分をはじめとした日本古来の季節ごとの行事であれば，「子どもの健やかな成長を願い，元気に楽しく過ごす（端午の節句）」「日本古来の伝統行事を通して，健康で元気に過ごすことができるように，豆まきを楽しむ」など，「和」の文化や伝統に親しめるねらいを立てることになる。

　さらに，運動会など自らの成長を実感できる行事では，「運動遊びを通して，子どもたちの成長を保護者や地域の人とともによろこびあいながら，みんなで楽しい一日を過ごす」とねらいが立てられる。

　これら行事のねらい，計画が実施されることで，子どもは年中行事を楽しみ，行事に伴う遊びや製作，歌，児童文化教材，食事，保育環境の装飾，参加者の服装など，すべてを子ども自身の実体験として刻んでいく。そして，子ども自身が

心身ともに成長していくなかで，1年間を通した見通しをもつ力が育ち，季節と行事が結びついていくことで，さらに親しみをもち，日本人としての文化や伝統を引き継いでいくことが自然に育っていくのだろう。

事例

お泊まり保育で

5歳児

　6月に年長児クラスはお泊まり保育がある。クラス内の活動では，5月の保育参加では，親子で染め布のナップザックづくりをし，6月に入るとお泊まり保育中の夕食や朝食のメニュー決め，調理で使う食材や生活用品の買い出しの役割分担を話し合いで決めるなど，クラスの子どもを中心に担任のモエ先生に見守られながら準備が進んでいった。前日の午前中に近くのスーパーマーケットに買い物へ出かけ，モエ先生とともに持ち物の最終確認をした。

　前日の夜，息子は寝室の布団のなかで，「明日のお泊まりは頑張れない。お化けがでるかもしれない」と言い，シクシクと泣き出した。泣いたまま眠り，朝起きても浮かばない表情であった。登園中も「お泊まりできないかもしれない」と弱々しい声でつぶやいている。「そうかぁ。がんばれない気持ちなんだね。1日園でみんなと寝たらお迎えにいくから，ずっと応援してるね」と声をかけて，何とも不安な気持ちで送っていった。

　当日は午前中に夕食の調理をし，午後からはお泊まり保育の特別企画（温泉に見立てたビニールプールのお風呂に入る，調理したカレーを食べる，園内を一人ずつ冒険してミッションをクリアする，みんなで花火をする）がたくさん催された。みんなでパジャマに着替えて保育室で一晩過ごし，朝は朝食の準備をして食べたら，お泊まり保育頑張り賞を園長先生からもらい，保護者のお迎えであった。

夜は寂しくて泣いちゃったのかな，大丈夫かな，と昨晩の様子を想像しながらお迎えに行くと，ぴゅーんと一目散に母の元へ駆けつけ「ぼくがんばれたよ，ぜんぜんこわくなかったよ，すっごく楽しかったよ。もう1日泊まれる！」と満面の笑みととても大きな声で伝えに来た。帰ってからも自信に満ちた様子で，自分が体験した出来事を話していた。

　お泊まり保育には，保育者が園内で企画する催しだけではなく，さまざまな人や地域との関わりが必要な行事である。買い物に行くために地域のスーパーマーケットへ事前に連絡を入れる，園内に泊まるために警察署へパトロールの依頼をする，園近隣の住民の方々に連絡をしてお泊まり保育に対する理解を図る，防犯体制を整えるためクラスの保護者（おもに父親）に夜間巡視をしてもらうなど，多くの人が一つの行事を支えている。

　子ども自身も自宅ではない保護者もいない環境で宿泊をする経験であり，慣れ親しんだ保育室，日々顔を合わせている保育者であっても緊張や不安を少なからずもっている。しかし，一晩過ごすことを経験し，「保護者の手を離れても過ごせた自分」「仲間と一緒に頑張れた自分」という頑張った自分を認められる経験となり，多少なりとも自分に自信をつけることができる。

　保育者は，子どもが抱いている不安や緊張を受け止め，子どもの気持ちに寄り添うことも大切であり，さらに，気持ちを切り替えていけるような子どもにとって魅力的な催し，勇気を出せば自分もできるという実体験につながる催しを行事として親しめるようにすることが大切である。

【しらべて，つくってみよう】

（1）①幼稚園，保育所，認定こども園など保育の場で，１年間のなかにある年中行事を考えて書きましょう（毎月行われる行事は除く）。

月	年中行事	月	年中行事
4月		10月	
5月		11月	
6月		12月	
7月		1月	
8月		2月	
9月		3月	

② （1）①で書いた年中行事のうち，日本由来の行事には丸（○）で囲み，海外由来の行事には四角（□）で囲みましょう。

③ （1）②で囲んだ日本由来の行事のうち，興味・関心のある年中行事を一つ選び，行事の由来や，その日にどのようなことをするのか，どのような行事食を食べるのか調べて書きましょう。

・興味・関心のある年中行事： ....

行事の由来	
行事の内容	
行事で食べる物と食べる意味	

（2）あなたが興味・関心のある外国はどこですか？　また，その国で開催されている「お祭り」を調べ，そのうち一つを取りあげて，行事の由来や，その日にどのようなことをするのか，どのような行事食を食べるのか詳細を調べて書きましょう。

・興味・関心のある外国：_____

・開催されている祭り：_____

祭り名（　　　　　　　　　　　　）の詳細

行事の由来	
行事の内容	
行事で食べる物と食べる意味	

（3）日本の行事，海外の祭りを調べてみて，あなたが保育者として行事を実施
　　するうえで大切にしたいと思ったことは何か，書きましょう。

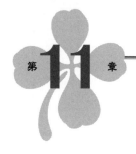

子どもの安全環境

　安全であることと命を守ることは，保育を実践するうえで保障されていなければならない。子どもが楽しそうでも，主体性を発揮していたとしても，明らかな危険が予測されるような保育は認められない。その一方で，子どもが好奇心や興味関心から，外の世界へ自ら関わり，探索し，挑戦することも必要となる。多少リスクのある遊びが，成長発達にとって不可欠であるという側面もある。安全と挑戦のバランスをとり，両立させることが保育では求められている。

1. 重大事故の現状と起きやすい場面

　教育・保育施設等で発生した「死亡事故」や「治療に要する期間が30日以上となる負傷や疾病」の報告件数は，2019（令和元）年には1,744件であった。死亡の報告は6件，負傷等の報告は1,738件あり，負傷等のなかでは骨折の報告が1,401件と高い割合となっている。保育所保育指針においては，第3章3の（2）事故防止及び安全対策には，重大事故が発生しやすい場面として「睡眠中」「プール活動・水遊び中」「食事中」の3つがあげられてる。

　これらの活動は，保育施設において死亡事故や重大な事故に至る場合が多く，保育者は事故防止に努めなければならない。死亡や重篤な事故の防止のため，「教育・保育施設等における事故防止及び事故発生時の対応のためのガイドライン」（内閣府）をもとに保育環境を整えることが必要である。

142

（1）睡眠中の事故

　睡眠中に乳幼児が死亡事故を起こす事例は，おもに窒息などの事故と乳幼児突然死症候群（SIDS：Sudden Infant Death Syndrome）が要因となっている。SIDSが発症する原因は不明であるが，子どもをうつぶせで寝かせると発症率が高いことが明らかになっている。そのため，午睡はあおむけで行い，睡眠中の様子を定期的に観察することが重要となる。

　また，睡眠場所に布団以外のものを置かないこと，柔らかい布団や枕は避け，子どもの顔色がわかるよう室内の明るさに気を配るなど，保育者は環境を整える必要がある。

（2）プール・水遊びの事故

　プール活動や水遊びを行う場合には，監視のみを行う担当者を設定し，役割分担を徹底しなければならない。この監視体制には空白ができないように，担当者は監視に専念し，担当エリアをくまなく監視するように努める必要がある。動かない子どもや不自然な動きをしている子どもの発見を念頭に，常に視線を動かしながら監視するようにしたい。

　子どもが溺れるときには，暴れたり騒いだりすることなく静かに溺れることが多いこと，また，水深がわずか20cmでも溺死するという事例もあるため，監視は十分に行われなければならない。もし，十分な監視体制が確保できないときには，活動を中止することも選択肢に入れ，時間的な余裕をもち，無理のない運営に努めることが重要である。

（3）食事中の事故

　食事中に起きる事故には，誤嚥や誤飲による窒息事故と誤食による食物アレルギーがある。食べ物の大きさや形，硬さに注意しながら，食事中の様子をよく観

察しながら援助するようにしたい。保育者は，ゆっくり落ち着いて食べることができるよう，子どもに適切なタイミングで与えるようにする。

　また，一回に多くの量を詰めることなく，子どもの口に合った量を与え，汁物などの水分も適切に摂取できるようにする。食事中の環境として，子どもがおどろいたりすることがないこと，正しく座っていること，眠くなっていないかなどを注意して観察する。

　乳幼児のアレルギー症状のほとんどは，食物がアレルギー源となって起こっている。そのため，誤食によるアレルギー症状の発生，とくにアナフィラキシーショックを起こさないように徹底することが必要である。保育者は，食器やトレー，座席などのチェックを複数の職員で確認をすること，また，アナフィラキシーショックの発生に備えてエピペン（アドレナリンの自己注射薬）の使い方を練習しておくようにする。

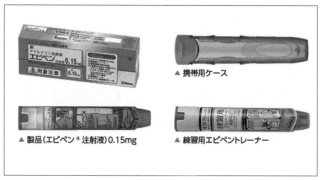

▲携帯用ケース

▲製品（エピペン®注射液）0.15mg

▲練習用エピペントレーナー

▲写真1　エピペン　　　　　　（マイランEPD合同会社）

2. 安全管理

　実際には，子どもが登園してから降園するまでの間，過ごす場所すべての環境について安全に配慮する必要がある。保育者をはじめとする全職員が連携して，安全な環境づくりを行う。子どもの登園方法には，徒歩，送迎バス，自転車，自動車などがある。けがや事故が起こることのないよう，保護者は園内まで子どもの手を離さないこと，駐車場で目を離さないことなどを周知徹底しておく必要がある。また，子どもの受け入れにあたっては健康観察を行い，子どもの様子やけがの有無を確認し，保護者から子どもの気になる様子などを聞いておくようにする。

　さらに，保育中に予想される子どもの行動や事故発生の恐れのある箇所を把握し，保育者の配置を工夫する。事故の被害を拡大させないために，さまざまな場面を想定したシミュレーションやロールプレイを行い，職員が連携し，事故に対応できる体制を整えておきたい。

　降園後は，職員間でミーティングなどを行い，情報を共有しておく。事故につながりそうなヒヤリハットを経験した際には，記録を作成したり園舎マップに書

き込むなどして，全職員が把握したうえで，その原因や対策を協議する機会を設ける。

3. 安全のための活動

　子どもたちの安全は，保育者の援助のみでは守ることができない。保護者や地域などとの連携も必要であるし，子ども自身への指導も大切になる。日常のさまざまな場面において，危険に気づき，危険を回避し，危険に対処する能力を養うため，子どもに対して安全指導を行っていく。子どもの発達を考慮した遊具使用のルールや交通安全指導などがあげられるが，こうした安全指導の際には，保護者の協力を得るようにし，家庭と連携して子どもへ伝えていく必要がある。

事例

実際の事故事例より

施設・事業所種別：認可保育所

事故発生時期・発生場所：４月午前中・公園での外遊び中

発生時の体制：５歳児９名に対し職員２名

●事故の状況と概要

　体調は普段と変わりなかった。徒歩にて公園に園児９名，職員２名で行く。

　金属ネットでできた橋のついた複合遊具があり，園児が順番に渡っていた。保育者１名は幅の広いはしご状（降りる場所）のところにつき，もう１名ははしごと橋の間ぐらいの場所から両方確認できる場所に立っていた。本児が橋を渡ろうとしていた姿を確認したが，はしごのほうに視線を送ったときに「カーン」という音が聞こえたので，橋のほうを見ると本児が落下していた。落下場所に行き泣いている本児を落ち着かせ，頭に砂はなく，背中に砂がついていたので背中から落ちたと判断した。しかし左の耳の上を押さえて「痛い」と泣いていたので，頭を打っているかもしれないと思い動かさないようにした。落ち着いてから抱っこでベンチに移動し，持参していた冷却材で痛いところを冷やした。

　事故が起こったことを保育園（保健師）に電話連絡，応援を依頼。応援到着後，保健師に本児の状況を見てもらい，左耳の上とその後ろの頭部に

擦り傷を確認。通院の許可を保護者にとり，Ａ病院に向かうが本児がうとうとし始めたのでおかしいと思い，頭部への影響が心配されたため，救急相談に連絡し，救急で受け入れてくれる病院を紹介してもらう。Ｂ病院に受け入れ可能となり，Ｂ病院へ受診。受け入れ病院を保護者に連絡する。

　頭蓋骨骨折，急性硬膜下血腫，鼓室内血腫の診断後，入院となる。

●環境面　改善策

　はじめて利用する公園などについては，遊ぶ前に遊具の使い方や危険なところを園児とともに確認し，園児に遊ぶ際の注意点を具体的に伝える。

●人的面　対象児の動き

　いつもどおりの様子であった。はじめて利用した遊具だったが，挑戦しようとする気持ちが出てきている時期で，慎重に渡ろうとする姿があった。

●人的面　担当職員の動き

　対象児から離れたところで対象児を見ていた。はしご（降りる場所）のほうが危険だと判断し，橋と両方が確認できるところにいた。本児が渡ろうとする姿を確認したが，はしごのほうに視線を送ったときに音がし，橋のほうを見ると園児が地面に落下していた。

●人的面　ほかの職員の動き

　担当者・対象児の動きを見ていなかった。はしご（降りる場所）で降りてくる他児に対応していたため，見ていなかった。

●その他の要因・分析・特記事項・改善策

　一人ずつ橋を渡りきるまで，つき添うことをしなかった。橋に職員を配置し，園児が順番に一人ずつ渡り終わるまで，下から見守るか一緒に渡るなどし，安全を確保する。

●事故発生の要因分析（自治体からのコメント）

　事故発生の要因としては，当該遊具の特性などを十分理解したうえで保育の実施できなかったことによるもので，転落する可能性があることを予見したうえで，引率する保育士の適切な配置が必要であったと考えている。今後においては，園外保育実施に向けた準備の徹底，事故防止マニュアル

の作成等を行い，上記のような事故を未然に防止する取り組みが必要であると考えている。

　保育施設内で事故が発生した場合，子どもや家族に対応するだけではなく，市町村へ報告することが定められている（「特定教育・保育施設等における事故の報告等について」内閣府・文部科学省・厚生労働省，2015）。この事例は教育・保育施設等で発生した死亡事故や治療に要する期間が30日以上の負傷や疾病をともなう重篤な事故などとして，内閣府・文部科学省・厚生労働省に報告のあった事故情報のデータベースから抜粋したものである。

　この事例を読んで，どう感じるだろうか。もしこの現場の保育者だったとしたら，どのように動いて対応できただろうか。事例には，改善策なども報告されているが，具体的に実際の場面を想定し，言葉のかけ方や保育者の配置など，さまざまな面から配慮を検討することが有効である。

【よく見て，書こう】

（1）防災かるたをつくる・遊ぶ

　子どもを守るために，普段から「きけん」を伝え，「まもるちから」を高め，「じぶんでまもる」意識を育んでいくことが重要です。防災かるたは，子どもたちが怖がることなく，楽しく遊びながら自然に身近にある危険とその対処方法について学べるように工夫されているものです。何度も繰り返し遊ぶことで学びが定着し行動に反映されるようになります。

　以下のホームページを参考に，防災かるたをつくってみましょう。

・国土交通省：防災カードゲーム「このつぎなにがおきるかな？」
　https://www.mlit.go.jp/saigai/saigai01_tk_000005.html
・総務省消防庁：こどもぼうさいe-ランド
　https://www.fdma.go.jp/relocation/e-college/flash/eland/eland/nyuutai.html
・高知県庁：「こどものころから防災にふれよう!!　〜あそぼうさいカルタ〜」
　http://www.pref.kochi.lg.jp/sonaetegood/enjoy/carta.html
・こくみん共済（全労済）：おうちで防災かるた
　https://www.zenrosai.coop/stories/bousaicarta.html

（2）安全に配慮した保育室の環境を考えてみよう

　保育室の構造は園によってさまざまで，それぞれにメリットとデメリットがあります。ここでは，仕切られた保育室の環境を安全面から構成してみましょう。実習で経験した環境や，自身の通っていた保育室，インターネットや書籍などを大いに活用して，環境構成を考えてみましょう。環境構成の図とともに，どのような工夫や配慮を行うのかも書き込んでいきましょう。

（3）「特定教育・保育施設等における事故情報データベース」について調べ，事例を選び，その内容をまとめましょう。グループでまとめた内容から一つを選び，どう感じたか，現場の保育者だったとしたら何ができたか，これから何をすべきかなどについてじっくり話し合ってみましょう。

https://www8.cao.go.jp/shoushi/shinseido/data/index.html

https://www8.cao.go.jp/shoushi/shinseido/outline/pdf/h30-jiko_data1.pdf

（平成30年　事故概要）

https://www8.cao.go.jp/shoushi/shinseido/outline/pdf/r01-jiko_taisaku.pdf

（令和元年　事故報告集計）

・あなたが選んだ事例

・あなたが選んだ事例について考えたこと

（感じたこと，今のあなたが保育者としてできること，事例を受けてこれからどのようにすべきかについて，あなたの考えをまとめましょう）

・グループで選んだ事例

・グループ内で出された意見やあなたの考え

小学校との連携
―アプローチカリキュラム・スタートカリキュラム―

1. 小学校との連携の必要性

（1）幼児期の教育・保育と小学校教育

　子どもたちは，幼稚園・保育所・認定こども園などでは，緩やかな時間の流れのなかで，遊びを中心とした生活をしながら，5領域（健康，人間関係，環境，言葉，表現）を総合的に学んでいる。しかし，小学校ではチャイムで区切られた「校時」に従い，教科学習を中心とする生活へ，教科書を中心とした系統的な学習へと大きく変化する。

　このような生活・学習環境の大きな変化が，子どもたちにとって，ギャップ・段差となって，授業中に教室を立ち歩く，勝手に教室から出て行くといった「小1プロブレム」と呼ばれる小学校生活への不適応問題を引き起こしている。そこで，子どもの育ちと学びの連続性を保障し，幼稚園・保育所・認定こども園などから小学校への移行がスムーズに行えるよう，両者の連携が必要となる。

　幼稚園・保育所などと小学校との連携に関して，幼稚園教育要領，保育所保育指針などには，以下のように記されている。

　　　幼稚園においては，幼稚園教育が，小学校以降の生活や学習の基盤の育成につながることに配慮し，幼児期にふさわしい生活を通して，創造的な思考や主体的な生活態度などの基礎を培うようにするものとする。

（幼稚園教育要領　第1章第3の5）

保育所においては，保育所保育が，小学校以降の生活や学習の基盤の育成につながることに配慮し，幼児期にふさわしい生活を通じて，創造的な思考や主体的な生活態度などの基礎を培うようにすること。

（保育所保育指針　第2章4の（2））

　両者で述べられていることのポイントの一つは，幼稚園教育・保育所保育などは「小学校以降の生活や学習の基盤を育成」するものであり，子どもの学びは幼稚園・保育所などから小学校へと連続しているという「学びの連続性」である。幼児期の教育・保育は，小学校以降の生活や学習の土台を育む重要な役割を担っているのである。

　もう一つのポイントは，幼児期の教育・保育はフラッシュカードやドリルで文字や数字を教えるといった小学校教育の先取りや前倒しではなく，遊びを中心とした「幼児期にふさわしい生活」を通して達成されるということである。

　子どもたちは，アイスクリーム屋さんごっこをするなかで，さまざまな素材を用いてアイスクリームやコーン，コーンを立てる台を工夫しながら製作する過程で，素材ごとの特徴に気づいていく。アイスクリームのメニュー表をつくろうとして，文字や数字に関心をもつ。そして，客として訪れた子とのやり取りを通して，コミュニケーション能力を深めていく。

　子どもたちが遊びや生活のなかで，数量や図形，文字や標識など，さまざまなものに興味・関心をもって主体的に関わることが，小学校の算数や国語，生活などの教科の学習へとつながる学びの「芽生え」となっているのである。

（2）小学校との連携

　さらに，幼保小の連携のあり方について，幼稚園教育要領，保育所保育指針などには，以下のように記されている。

　幼稚園教育において育まれた資質・能力を踏まえ，小学校教育が円滑に行われるよう，小学校の教師との意見交換や合同の研究の機会などを設け，「幼児期の終わりまでに育ってほしい姿」を共有するなど連携を図り，幼稚園教育と小学校教育との円滑な接続を図るよう努めるものとする。

（幼稚園教育要領　第1章第3の5）

　保育所保育において育まれた資質・能力を踏まえ，小学校教育が円滑に行われるよう，小学校教師との意見交換や合同の研究の機会などを設け，第1章の4の

（2）に示す「幼児期の終わりまでに育ってほしい姿」を共有するなど連携を図り，保育所保育と小学校教育との円滑な接続を図るよう努めること。

（保育所保育指針　第2章4の（2））

　これまでも幼保小の連携・接続に関しては，幼児と児童との交流や保育者と小学校教諭との合同研究会などを通して，お互いの保育・教育について理解を深めてきた。2017（平成27）年改訂（改定）の幼稚園教育要領・保育所保育指針などで，「知識及び技能の基礎」「思考力，判断力，表現力等の基礎」「学びに向かう力，人間性等」の幼児期の教育で育みたい3つの資質・能力と，10項目の「幼児期の終わりまでに育ってほしい姿」が示されるようになった。

　「知識及び技能」「思考力，判断力，表現力等」「学びに向かう力，人間性等」の3つの資質・能力の育成は，幼児期から始まり，小学校から高等学校までを通して一貫する日本の学校教育の柱であり，幼児期はその「基礎」を培うということが明確に示された。「幼児期の終わりまでに育ってほしい姿」は，5歳児修了までにここまで育っているという到達目標ではなく，5歳児修了のころにはこのような姿が見られるという子どもの育ちの方向性を示したものである。5領域を使用しない小学校教育との接続のために，入学時には子どもたちは具体的にこのような姿になっているということを，小学校側にもわかりやすく示したものである。

　10項目の「幼児期の終わりまでに育ってほしい姿」のなかでも，下記の（6）思考力の芽生え，（7）自然との関わり・生命尊重，（8）数量や図形，標識や文字などへの関心・感覚の3項目は，領域「環境」で扱う内容である。

（6）思考力の芽生え

　身近な事象に積極的に関わる中で，物の性質や仕組みなどを感じ取ったり，気付いたりし，考えたり，予想したり，工夫したりするなど，多様な関わりを楽しむようになる。また，友達の様々な考えに触れる中で，自分と異なる考えがあることに気付き，自ら判断したり，考え直したりするなど，新しい考えを生み出す喜びを味わいながら，自分の考えをよりよいものにするようになる。

（7）自然との関わり・生命尊重

　自然に触れて感動する体験を通して，自然の変化などを感じ取り，好奇心や探究心をもって考え言葉などで表現しながら，身近な事象への関心が高まるとともに，自然への愛情や畏敬の念をもつようになる。また，身近な動植物に心を動かされる中で，生命の不思議さや尊さに気付き，身近な動植物への接し方を考え，命あるものとしていたわり，大切にする気持ちをもって関わるようになる。

（8）数量や図形，標識や文字などへの関心・感覚

　遊びや生活の中で，数量や図形，標識や文字などに親しむ体験を重ねたり，標識や文字の役割に気付いたりし，自らの必要感に基づきこれらを活用し，興味や関心，感覚をもつようになる。

> **事例**
>
> ## 勢いよく転がすには
>
> 5歳児
>
> 　年長の各クラスにビー玉と太い透明なビニールホースを新たに玩具として提供した。早速，男児の何人かがビニールホースのなかにビー玉を通して遊んでいたが，やがて，ビニールホースを何かの台に固定して，ビー玉をジェットコースターのように早く転がすにはどうしたらよいか，机と椅子を利用するなどそれぞれ工夫し始める。
>
> 　試行錯誤しているうちに，勾配が急なほどビー玉が速く転がることに気づく。「机の上に空き箱を積んでもっと高くしてみたら？」「でもグラグラになっちゃうよ？」「セロハンテープで箱をつなげればいいんじゃない？」と子ども同士意見を出し合いながら，ビー玉遊びは続いていった。
>
>

　子どもは遊びを通してさまざまな物と関わるなかで，友達同士で物の仕組みが「どうなっているのか」「どうすればよいか」と工夫しながら，「考える力」を育んでいる。この「考える力」が小学校以降のすべての教科の学習で必要とされる「思考力」の「芽生え」となるのである。

　園庭には，季節ごとに花を咲かせたり実をつけたりする植物や秋に紅葉する

木々が植えられている。野菜を育てる畑を設けている園もある。子どもたちは，花々や落ち葉などで季節の移り変わりを感じ，落ち葉も木によってさまざまな色があることに気がつく。自分たちが畑で育てたじゃがいもを使ってカレーライスをつくることで，自然の恵みに対する感謝の気持ちが生まれる。

　また，園で飼育しているうさぎや亀など小動物に触れることで，命あるものをいたわり，大切に思う気持ちが育っていく。本書第9章3節の写真7の植物（アサガオ）の成長記録ように，保育者が意図的に動植物に触れる環境を構成することで，動植物への興味・関心を高めることもできる。これらの身近な自然に関わる園での経験が，小学校での生活科や理科での学びにつながっている。

　数量や図形に関しては本書の第8章で，標識や文字に関しては第9章で述べているように，幼児期に園環境のなかで数量や図形，標識や文字に豊かに関わり，それらに対する関心や感覚を培うことが，小学校における算数や国語の学習の基盤となっているのである。

　このように，領域「環境」で取り扱う内容は，小学校以降のさまざまな教科の学びに深く関わっているのである。幼保小が意見交換や合同研究などを通して「幼児期の終わりまでに育ってほしい姿」を共有・連携し，幼保小の円滑な接続に努めることが強く求められている。

2. 接続期のカリキュラム

（1）接続期のカリキュラムとは

　幼保小の連携は，幼児と児童の交流，保育者と小学校教諭との合同研究のみならず，幼稚園・保育所などと小学校の教育課程（カリキュラム）の見直しや改善も行われている。卒園間近（1月～3月）から小学校入学初期（4月～6月）までの移行期を「接続期」と捉え，幼児期の教育・保育と小学校教育の接続に配慮した「接続カリキュラム」の実践が進められている。

　「接続期」の時期については，5歳児後半（10月～），1年生の1学期末まで（～7月）と長いスパンで捉えている場合もある。「接続カリキュラム」は，幼児期の「学びの芽生え」を小学校以降の「自覚的な学び」へとつなげることが期待されている。

　図1に示すように「接続カリキュラム」は，幼児期に行う「アプローチカリキュラム」と小学校入学後の「スタートカリキュラム」を総称したものである。子どもの学びは幼児期から児童期へと連続しており，小学校入学でゼロからのスタートということではない。

	スタート カリキュラム	小学校入学〜6月頃まで 小学校教育	
接続カリキュラム	アプローチ カリキュラム	5歳児1月頃〜卒園まで 幼児期の教育	学びの連続性

▲図1　接続期のカリキュラム

（2）アプローチカリキュラム

「アプローチカリキュラム」は，各自治体でもさまざまな事例・実践例を提示している。小学校との交流活動としては，小学生（5年生）が幼稚園などを訪問して年長児と一緒に遊ぶ活動や，年長児が近隣の小学校を訪問・見学する「1日入学」などを多くの園が取り入れている。そして，「学校ごっこ」「給食ごっこ」など，小学校生活を遊びで再現し，ルールを守ることの大切さや協調性を身につけるとともに，子どもたちの入学への期待を膨らませることにつなげている。

園庭遊びや誕生会，発表会など日々行われている保育活動や行事においても，5歳児後半からは小学校の科目を意識した内容の取り組みが行われている。例えば，正月遊びのなかで，さまざまな形（丸，楕円形，三角，星形など）のコマをつくり，どの形がよく回ったか感想を伝え合うことで，図形（算数）に関する興味・関心を高めることに結びつけている。

また，近年の子どもの傾向として，基本的な生活習慣の自立の遅れ，体力不足などが指摘されており，入学に向けて身につけてほしいことを小学校校長や養護教諭が園の保護者会で講話を行うなど，保護者へ向けての取り組みも行われている。

（3）スタートカリキュラム

「スタートカリキュラム」という用語がはじめて用いられたのは，2008（平成20）年8月の「小学校学習指導要領解説　生活編」であり，以下のように述べられていた。

> 幼児教育との接続の観点から，幼児と触れ合うなどの交流活動や他教科等との関連を図る指導は引き続き重要であり，特に，学校生活への適応が図られるよう，合科的な指導を行うことなどの工夫により第1学年入学当初のカリキュラムをスタートカリキュラムとして改善することとした。

（小学校学習指導要領解説生活編　第1章3（2）の⑤幼児教育及び他教科との接続）

これにより「スタートカリキュラム」の実践が広がっていく。2017（平成29）年改訂の小学校学習指導要領においても，第１章総則で，次のように記載されている。

　　（前略）…また，低学年における教育全体において，例えば，生活科において育成する自立し生活を豊かにしていくための資質・能力が，他教科等の学習においても生かされるようにするなど，教科等間の関連を積極的に図り，幼児期の教育及び中学年以降の教育との円滑な接続が図られるよう工夫すること。特に，小学校入学当初においては，幼児期において自発的な活動としての遊びを通して育まれてきたことが，各教科等における学習に円滑に接続されるよう，生活科を中心に，合科的・関連的な指導や弾力的な時間割の設定など，指導の工夫や指導計画の作成を行うこと。

　　　　　　　　　（小学校学習指導要領（平成29年告示）　第１章第２の４（１））

　ここに記されている，小学校入学当初の「生活科を中心に」した「合科的・関連的な指導や弾力的な時間割」が，「スタートカリキュラム」にあたる。「スタートカリキュラム」の中心となる生活科それ自体が，1989（平成元）年の小学校学習指導要領の改訂で，幼児期の教育と小学校教育を接続するために，それまでの理科と社会科を廃して設けられた合科的な科目である。

　2017（平成29）年の小学校学習指導要領では，「スタートカリキュラム」に関して生活科の活動とつながりのあるほかの教科等（国語，算数，音楽，図画工作，体育，道徳，特別活動）とのさらなる合科的な指導や関連づけた指導を求めている。例えば，生活科の最初の大単元「がっこうだいすき」では，自分たちが過ごす学校という場所を知り，安心して学校生活を送れるようにするために，時間をかけて校舎や校庭をまわる「学校探検」を行う。そして，探検で見つけた物や出会った人などを絵に描いて発表する。言葉や文字だけでなく絵で視覚化することで，子どもたちが理解しやすくなるのである。

　表１は，千葉県内のある市の「スタートカリキュラム」の例を一部抜粋したものである。

　「弾力的な時間割」とは，表１のように，入学当初はいきなり45分授業を行うのではなく，例えば２日目の２校時目のように前半は国語の「自分の紹介」を行い，後半は音楽の「校歌を覚えよう」の活動を行うなど，１校時45分を短い時間の活動で展開することなどを指している。

　「スタートカリキュラム」を実践するねらいは３つある。一つは幼児期の遊び

	1日目	2日目	3日目	4日目
1		道徳 　挨拶と返事 　学校の約束 生活 　校舎めぐり	学級活動 　朝の過ごし方・廊下 　の歩き方・並び方 生活 　校舎めぐり	国語 　線のおけいこ 　自分の名前
2	入学式（行事１） ・小学校の一員として 　のよろこびを感じる。 ・教室や会場の環境を 　味わう。 学級活動	国語 　自分の紹介 音楽 　校歌を覚えよう	算数 　かずとすうじ 国語 　校鉛筆の持ち方 　線のおけいこ	体育 　体育着の着方・整列 　の仕方・準備体操の 　仕方 生活 　春の花を見つけよう
3	・教室や座席・トイレ 　の位置を知る。 ・担任の名前を知る。 ・友達を知る。 ・返事や挨拶の仕方を 　知る。	学活 　下校の支度の仕方 　下校のきまり	音楽 　校歌の練習 道徳 　交通安全とマナー	図工 　絵「自分の顔」

を通した総合的な学びの手法や活動を小学校の始期に取り入れ，わかりやすく学びやすい環境をつくることで，子どもたちが小学校生活を「安心」してスタートできるようにすることである。

　二つ目は，「スタートカリキュラム」で幼児期からの学びや育ち生かす活動を小学校での学習につなげることで，自信や意欲をもって活動し，よりよく「成長」していけるということである。

　そして，三つ目は，「スタートカリキュラム」を実施することで，子どもは自分で考えて行動することを繰り返して「自立」に向かい，小学校６年間の土台をつくることができるということである。

　幼稚園・保育所などと小学校の連携・カリキュラムの接続についてみてきたが，幼児教育に携わる保育者としては，前述したように子どもたちの学びは「小学校からゼロからスタート」ではない，幼児期の環境を通した学びの重要性について改めて理解を深めてほしい。

第1　目標

　具体的な活動や体験を通して，身近な生活に関わる見方・考え方を生かし，自立し生活を豊かにしていくための資質・能力を次のとおり育成することを目指す。

（1）活動や体験の過程において，自分自身，身近な人々，社会及び自然の特徴やよさ，それらの関わり等に気付くとともに，生活上必要な習慣や技能を身に付けるようにする。

（2）身近な人々，社会及び自然を自分との関わりで捉え，自分自身や自分の生活について考え，表現することができるようにする。

（3）身近な人々，社会及び自然に自ら働きかけ，意欲や自信をもって学んだり生活を豊かにしたりしようとする態度を養う。

第2　各学年の目標及び内容

〔第1学年及び第2学年〕

1　目標

（1）学校，家庭及び地域の生活に関わることを通して，自分と身近な人々，社会及び自然との関わりについて考えることができ，それらのよさやすばらしさ，自分との関わりに気付き，地域に愛着をもち自然を大切にしたり，集団や社会の一員として安全で適切な行動をしたりするようにする。

（2）身近な人々，社会及び自然と触れ合ったり関わったりすることを通して，それらを工夫したり楽しんだりすることができ，活動のよさや大切さに気付き，自分たちの遊びや生活をよりよくするようにする。

（3）自分自身を見つめることを通して，自分の生活や成長，身近な人々の支えについて考えることができ，自分のよさや可能性に気付き，意欲と自信をもって生活するようにする。

2　内容

1の資質・能力を育成するため，次の内容を指導する。

　〔学校，家庭及び地域の生活に関する内容〕

（1）学校生活に関わる活動を通して，学校の施設の様子や学校生活を支えている人々や友達，通学路の様子やその安全を守っている人々などについて考えることができ，学校での生活は様々な人や施設と関わっていることが分かり，楽しく安心して遊びや生活をしたり，安全な登下校をしたりしようとする。

（2）家庭生活に関わる活動を通して，家庭における家族のことや自分でできることなどについて考えることができ，家庭での生活は互いに支え合っていることが分かり，自分の役割を積極的に果たしたり，規則正しく健康に気を付けて生活したりしようとする。

（3）地域に関わる活動を通して，地域の場所やそこで生活したり働いたりしている人々について考えることができ，自分たちの生活は様々な人や場所と関わっていることが分かり，それらに親しみや愛着をもち，適切に接したり安全に生活したりしようとする。

〔身近な人々，社会及び自然と関わる活動に関する内容〕

（4）公共物や公共施設を利用する活動を通して，それらのよさを感じたり働きを捉えたりすることができ，身の回りにはみんなで使うものがあることやそれらを支えている人々がいることなどが分かるとともに，それらを大切にし，安全に気を付けて正しく利用しようとする。

（5）身近な自然を観察したり，季節や地域の行事に関わったりするなどの活動を通して，それらの違いや特徴を見付けることができ，自然の様子や四季の変化，季節によって生活の様子が変わることに気付くとともに，それらを取り入れ自分の生活を楽しくしようとする。

（6）身近な自然を利用したり，身近にある物を使ったりするなどして遊ぶ活動を通して，遊びや遊びに使う物を工夫してつくることができ，その面白さや自然の不思議さに気付くとともに，みんなと楽しみながら遊びを創り出そうとする。

（7）動物を飼ったり植物を育てたりする活動を通して，それらの育つ場所，変化や成長の様子に関心をもって働きかけることができ，それらは生命をもっていることや成長していることに気付くとともに，生き物への親しみをもち，大切にしようとする。

（8）自分たちの生活や地域の出来事を身近な人々と伝え合う活動を通して，相手のことを想像したり伝えたいことや伝え方を選んだりすることができ，身近な人々と関わることのよさや楽しさが分かるとともに，進んで触れ合い交流しようとする。

〔自分自身の生活や成長に関する内容〕

（9）自分自身の生活や成長を振り返る活動を通して，自分のことや支えてくれた人々について考えることができ，自分が大きくなったこと，自分でできるようになったこと，役割が増えたことなどが分かるとともに，これまでの生活や成長を支えてくれた人々に感謝の気持ちをもち，これからの成長への願

いをもって，意欲的に生活しようとする。

第3　指導計画の作成と内容の取扱い

1　指導計画の作成に当たっては，次の事項に配慮するものとする。

（1）年間や，単元など内容や時間のまとまりを見通して，その中で育む資質・能力の育成に向けて，児童の主体的・対話的で深い学びの実現を図るようにすること。その際，児童が具体的な活動や体験を通して，身近な生活に関わる見方・考え方を生かし，自分と地域の人々，社会及び自然との関わりが具体的に把握できるような学習活動の充実を図ることとし，校外での活動を積極的に取り入れること。

（2）児童の発達の段階や特性を踏まえ，2学年間を見通して学習活動を設定すること。

（3）第2の内容の（7）については，2学年間にわたって取り扱うものとし，動物や植物への関わり方が深まるよう継続的な飼育，栽培を行うようにすること。

（4）他教科等との関連を積極的に図り，指導の効果を高め，低学年における教育全体の充実を図り，中学年以降の教育へ円滑に接続できるようにするとともに，幼稚園教育要領等に示す幼児期の終わりまでに育ってほしい姿との関連を考慮すること。特に，小学校入学当初においては，幼児期における遊びを通した総合的な学びから他教科等における学習に円滑に移行し，主体的に自己を発揮しながら，より自覚的な学びに向かうことが可能となるようにすること。その際，生活科を中心とした合科的・関連的な指導や，弾力的な時間割の設定を行うなどの工夫をすること。

（5）障害のある児童などについては，学習活動を行う場合に生じる困難さに応じた指導内容や指導方法の工夫を計画的，組織的に行うこと。

（6）第1章総則の第1の2の（2）に示す道徳教育の目標に基づき，道徳科などとの関連を考慮しながら，第3章特別の教科道徳の第2に示す内容について，生活科の特質に応じて適切な指導をすること。

2　第2の内容の取扱いについては，次の事項に配慮するものとする。

（1）地域の人々，社会及び自然を生かすとともに，それらを一体的に扱うよう学習活動を工夫すること。

（2）身近な人々，社会及び自然に関する活動の楽しさを味わうとともに，それらを通して気付いたことや楽しかったことなどについて，言葉，絵，動作，劇化などの多様な方法により表現し，考えることができるようにすること。

また，このように表現し，考えることを通して，気付きを確かなものとしたり，気付いたことを関連付けたりすることができるよう工夫すること。

（3）具体的な活動や体験を通して気付いたことを基に考えることができるようにするため，見付ける，比べる，たとえる，試す，見通す，工夫するなどの多様な学習活動を行うようにすること。

（4）学習活動を行うに当たっては，コンピュータなどの情報機器について，その特質を踏まえ，児童の発達の段階や特性及び生活科の特質などに応じて適切に活用するようにすること。

（5）具体的な活動や体験を行うに当たっては，身近な幼児や高齢者，障害のある児童生徒などの多様な人々と触れ合うことができるようにすること。

（6）生活上必要な習慣や技能の指導については，人，社会，自然及び自分自身に関わる学習活動の展開に即して行うようにすること。

（『小学校学習指導要領』文部科学省，平成29年より）

【よく見て，書こう】

（1）次にあげる小学校学習指導要領の第2章「各教科」，第5節「生活」における「第1　目標」および「第2　各学年の目標及び内容」に関する事項についてあてはまる言葉を解答欄に書きましょう。

①目標

　具体的な活動や体験を通して，身近な生活に関わる（①＿＿＿＿＿＿）を生かし，（②＿＿＿＿＿）し生活を豊かにしていくための（③＿＿＿＿＿）を次のとおり育成することを目指す。
（1）活動や体験の過程において，自分自身，身近な人々，社会及び自然の（④＿＿＿＿＿）や（⑤＿＿＿＿＿），それらの関わり等に気付くとともに，生活上必要な（⑥＿＿＿＿＿）を身に付けるようにする。
（2）身近な人々，社会及び自然を（⑦＿＿＿＿＿）で捉え，自分自身や自分の生活について考え，（⑧＿＿＿＿＿）することができるようにする。
（3）身近な人々，社会及び自然に自ら働きかけ，（⑨＿＿＿＿＿）をもって学んだり生活を豊かにしたりしようとする（⑩＿＿＿＿＿）を養う。

---

②各学年の目標及び内容

〔第1学年及び第2学年〕
1　目標
（1）学校，家庭及び地域の生活に関わることを通して，自分と身近な人々，社会及び自然との関わりについて考えることができ，それらのよさやすばらしさ，自分との関わりに気付き，（⑪＿＿＿＿＿）をもち（⑫＿＿＿＿＿）にしたり，集団や社会の一員として（⑬＿＿＿＿＿）をしたりするようにする。
（2）身近な人々，社会及び自然と触れ合ったり関わったりすることを通して，それらを（⑭＿＿＿＿＿）（⑮＿＿＿＿＿）することができ，活動のよさや大切さに気付き，自分たちの遊びや生活をよりよくするようにする。
（3）自分自身を見つめることを通して，自分の（⑯＿＿＿＿＿），身近な（⑰＿＿＿＿＿）について考えることができ，自分の（⑱＿＿＿＿＿）に気付き，意欲と自信をもって生活するようにする。

---

2 内容

1の資質・能力を育成するために，次の内容を指導する。

〔学校，家庭及び地域の生活に関する内容〕

(1)（⑲　　　　　　　）に関わる活動を通して，学校の施設の様子や学校生活を支えている人々や友達，通学路の様子やその安全を守っている人々などについて考えることができ，学校での生活は様々な（⑳　　　　　　　）と関わっていることが分かり，楽しく安心して遊びや生活をしたり，安全な（㉑　　　　　　　）をしたりしようとする。

(2)（㉒　　　　　　　）に関わる活動を通して，家庭における家族のことや自分でできることなどについて考えることができ，家庭での生活は互いに支え合っていることが分かり，（㉓　　　　　　　）を積極的に果たしたり，規則正しく健康に気を付けて生活したりしようとする。

(3)（㉔　　　　　　　）に関わる活動を通して，地域の場所やそこで（㉕　　　　　　　）（㉖　　　　　　　）している人々について考えることができ，自分たちの生活は様々な人や場所と関わっていることが分かり，それらに親しみや愛着をもち，適切に接したり安全に生活したりしようとする。

〔身近な人々，社会及び自然と関わる活動に関する内容〕

(4)（㉗　　　　　　　）を利用する活動を通して，それらのよさを感じたり働きを捉えたりすることができ，身の回りには（㉘　　　　　　　）があることやそれらを支えている人々がいることなどが分かるとともに，それらを大切にし，安全に気を付けて正しく利用しようとする。

(5)身近な（㉙　　　　　　　）したり，（㉚　　　　　　　）に関わったりするなどの活動を通して，それらに（㉛　　　　　　　）を見付けることができ，自然の様子や四季の変化，季節によって生活の様子が変わることに気付くとともに，それらを取り入れ自分の生活を楽しくしようとする。

(6)身近な自然を利用したり，身近にある物を使ったりするなどして（㉜　　　　　　　）を通して，遊びや遊びに使う物を工夫してつくることができ，その（㉝　　　　　　　）や（㉞　　　　　　　）に気付くとともに，みんなと楽しみながら遊びを創り出そうとする。

(7)（㉟　　　　　　　）（㊱　　　　　　　）する活動を通して，それらの育つ場所，変化や成長の様子に関心をもって働きかけることができ，それらは生命をもっていることや成長していることに気付くとともに，（㊲　　　　　　　）をもち，大切にしようとする。

(8)自分たちの生活や地域の出来事を身近な人々と（㊳　　　　　　　）を通して，相手のことを想像したり伝えたいことや伝え方を選んだりすることができ，身近な（㊴　　　　　　　）ことのよさや楽しさが分かるとともに，進んで触れ合い交流しようとする。

〔自分自身の生活や成長に関する内容〕

(9)自分自身の生活や成長を（㊵　　　　　　　）を通して，自分のことや支えてくれた人々について考えることができ，自分が大きくなったこと，自分でできるようになったこと，役割が増えたことなどが分かるとともに，これまでの生活や成長を支えてくれた人々に（㊶　　　　　　　）をもち，これからの（㊷　　　　　　　）をもって，意欲的に生活しようとする。

〔解答欄〕

①	⑮	㉙
②	⑯	㉚
③	⑰	㉛
④	⑱	㉜
⑤	⑲	㉝
⑥	⑳	㉞
⑦	㉑	㉟

⑧	㉒	㊱
⑨	㉓	㊲
⑩	㉔	㊳
⑪	㉕	㊴
⑫	㉖	㊵
⑬	㉗	㊶
⑭	28	㊷

（2）小学校学習指導要領「生活」の「目標」と「内容」を実際に見て，5領域
（健康，人間関係，環境，言葉，表現）の「ねらい」と「内容」と見比べて，
気づいたことや感じたこと，考えたことを書きましょう。

第13章

領域「環境」と保育の展開
―指導計画の意義・作成・実践例―

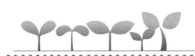

1. 0歳児の指導計画と実践

　0歳児は，月齢によって発達差が大きく，個人の発達スピードも異なるため，一人ひとりの子どもにあった保育が求められる。2017（平成29）年に改定された保育所保育指針では，これまで以上に，養護と保育を一体化させて日々の活動に生かしていく旨の記載が増えている。また，0歳児保育においては，「健康」「人間関係」「環境」「言葉」「表現」の5領域に分化する前の発達段階にあるため，乳児期の育ちに関して3つの視点が新たに記されるようになっている。その3つの視点とは，①健やかに伸び伸びと育つ（健康・環境），②身近な人と気持ちが通じあう（人間関係・健康・表現），③身近なものとの関わり感性が育つ（環境・言葉）であり，これらには複数の育ちの要素が含まれている。

　乳児期は，子どもがめざましく発達する時期であり，排せつや食事，睡眠などの生活面での保育者による援助が欠かせない。とりわけ首がすわる，寝返りをうつ，座る，ハイハイをする，つかまり立ちをするようになるなど，運動面の発達も著しい。さらに，子どもの諸機能が発達していくと，周囲の環境への興味や関心が広がり，探索活動が始まっていく。保育者は，乳児期の3つの視点から幼児期の5領域につながっていくよう，子どもとの愛着関係を大切に，受容的かつ応答的な保育を目指し，0歳児の心の育成にも努めていきたい。

　保育のポイントとしては，子どもの目をしっかりと見て，スキンシップをしながら，優しく温かい見守りや応答的な関わりを大事にしていきたい。そのことで，子どもと保育者と間で信頼感が育まれ，子ども自身が自分の気持ちや欲求を表情，

しぐさ，喃語（なんご）などで表現できるようになる。０歳児の場合は，なんでも手でさわり，口に入れ確かめようとするため，小さな玩具などには留意が必要となる。ハイハイやつかまり立ちを始めた子どもに対しては，転倒や誤飲がおこらないよう気をつけていきたい。

　遊びについては，子どもの月齢によって活動範囲が異なってくるため，個々の子どもに合わせた活動を考慮しなければならない。６か月未満児は，自分では身動きがとれないため，そのままの状態で手足を動かすような赤ちゃん体操や音の

▼実習指導計画案　中心となる活動「楽器遊び」の細案（０歳児）

【2年次責任実習用】　一日実習指導計画案　別紙
中心となる活動〔　楽器遊び　　　　　　　　　　　　〕の細案
実施日令和元年　9　月　26　日（　木　曜日）

０歳児　いちご　組　9名（男児　4名　／　女児　5名）　実習生：

ねらい	さまざまな楽器に触れ，音が出る楽しさを味わう。		
時間	環境の構成	予想される子どもの活動	援助・指導の留意点
導入 （5分）	・CD「おおきなたいこ」 〈保育室〉 ○…子ども　●…保育士	・保育士と一緒に「おおきなたいこ」の歌を歌う。 ・歌が始まる前はほかの玩具に興味を示していた子も保育士の歌や楽器に興味をもつ。 ・座ったまま体でリズムをとる子や歩いてそばに来て保育士がもっている太鼓をさわろうとする子がいる。	・CDに合わせて、小太鼓を使いながら「おおきなたいこ」の歌を歌う。 ・子どもたちが興味をもつことができるように動作を大きくしたり、目を合わせたりしながら歌う。 ・歩いてそばに来ている子に近くで太鼓を叩く姿を見せたり、座っている子のそばに行って近くで見せたりして興味をもつことができるようにする。
展開 （20分）	・楽器を紹介する。 ①小太鼓 ②タンバリン ③マラカス ④鈴 〈保育室〉 ○…子ども　●…保育士 ①～④…楽器の入ったカゴ	⊙楽器を見る。 ・保育士が楽器を使っている様子を見て手を伸ばして、「ちょうだい」と伝えようとしたり、手拍子をして体を揺らしたりする姿が見られる。 ⊙楽器選びをする。 ・保育士が置いたカゴのなかから好きな楽器を選ぶ。 ・早く使いたいという思いから近くにいる友達といざこざが起こることもある。 ⊙音楽に合わせて楽器を使う。 ・歌いながら楽器を振ったり叩いたりして楽しむ。 ・口に入れながら歩こうとした友達を叩こうとしたりすることもある。 ・意欲的に、次から次へとさまざまな楽器を使おうとする子がいる。 ・他児が使っているものを使おうとしていざこざになることもある。	・子どもたちの「やってみたい」という意欲を引き出すことができるよう①～④までの楽器を一つずつ音を出して子どもに見せる。 ・どのように音を出しているのか近くで見ることができるように動きまわりながら行なう。 ・子どもたちが楽器を選ぶ際に、1種類の楽器に集中したらほかの楽器にも誘ってみる。 ・噛みつきや引っかきを予防するためには、カゴはできるだけ分散して置く。また、数は多めに用意しておく。 ・保育士も一緒に楽器を使いながら一緒に歌って楽しむ。 ・危険な使い方をしている際は言葉で伝えながらも、そばで示して正しく使うことができるようにする。 ・好きな楽器を選んで使うことができるように数は余分に用意しておく。 ・同じ楽器があれば、「こっちにもあるよ」と誘う。なければ、「あとでね」とほかの楽器に誘い、空いたときに使えるようにする。
まとめ （5分）	保育士がカゴを一つ持ち歩く。 〈保育室〉 ○…子ども　●…保育士	⊙楽器を片づける。 ・楽器をカゴに入れようとする。 ・「もっとやりたい」と片づけを嫌がる子がいる。 ・他児の様子を見て片づけをする。	・曲が終わったら自分たちでカゴに入れて片づけができるように保育士がカゴをもってそばに行く。 ・やりたい気持ちを受け止め、「またやろうね」と次につなげられるようにする。

［準備するもの］
・小太鼓　・・・3組（バチ含む）
・タンバリン　・・・4つ
・マラカス　・・・4組
・鈴　・・・4つ
}種類ごとにカゴに入れておく。

・CDデッキ
・CD
導入「おおきなたいこ」
活動「おもちゃのチャチャチャ」「きらきらぼし」
「おおきなくりのきのしたで」「手をたたきましょう」
「どんぐりころころ」　「犬のおまわりさん」
「げんこつやまのたぬきさん」
「ぞうさん」
「トントントンひげじいさん」

鳴る玩具や歌などのふれあい遊びが適している。6か月以上の子どもに対しては，積み木やボール遊びなど，動きがある遊びに移行するとよい。また，絵が中心の絵本の読み聞かせも積極的に取り入れていきたい。

【指導計画作成のポイント】

環境構成図の欄をうまく活用する

★　見取り図には，細案例にもあるように保育者（保育士）→●，子ども→○，実習生→◎というように，三者をマークで区別して書くことでわかりやすくする。

★　同じ環境が再び出てきたら，見取り図では，新たに配置したもの以外は省略してもよい。

★　子どもが活動する場所について，子どもの配置と実習生の立ち位置を予測して書く。保育者の立ち位置については，必要に応じて書くようにする。

★　見取り図のほかにも必要な準備物や環境に関するコメント，完成予想図なども記入する（例：ボール10個，子どもの口に入らない大きさで，柔らかい形状のもの，舐めても拭けるものを用意する）。

0歳児の指導計画で大切にしたい記載項目と配慮点

★　0歳児は，月齢によって成長の個人差があるので，可能であれば子どもの月齢を記載する（例：男児5名〈6か月児1名，8か月児2名，10か月児1名，13か月児1名など〉）。また，保育者に日頃の子どもの様子や子どもの特徴，配慮すべきことを聞くなど，綿密なコミュニケーションを心がけていく。保育者からの助言も指導計画に生かしていく。

★　「誰が，何を，どのようにしたか」を常に考える。指導案に記載する際は，主語と述語の関係性に矛盾がないかを確認する。

★　指導案の「ねらい」を記載する際には，その活動を通して「子どもに伝えたいこと」「育ってほしいこと」について書くようにする。

★　予想できる子どもの動きや困ったときにどのように対応をしたらよいのか書くようにする。予測していたような反応がなかった場合には，子どもの気持ちや表情，しぐさから考察し，次の活動に生かしていくことも大切になる。

★　子どもの興味・関心が遊びに向かうように，気持ちが切り替わるような声がけとともに導入に適した活動は何かを考え，指導案に反映させる。

★　子どもの状態に合わせて，臨機応変に対応できるように，子どもそれぞれが

行う可能性のある行動の予測をしておく（例：保育者の読み聞かせを興味深く見ている。音の鳴る玩具で遊んでいる。眠そうにしている。保育者に甘えて抱っこをせがむ子どもがいる）。

★　子どもの自発的な遊びとなることが理想となる。そのため，設定した活動に対して，子どもがどのように反応するのか，乳幼児であっても自ら遊びが発展できるように工夫や考慮についての記載をする。

2. 1歳児の指導計画と実践

　歩くことができるようになり，行動範囲が広がってくる。また，何でも一人でやり始めようとする時期である。運動面では，指先が発達し，簡単な道具が使えるようになり，物をちぎったり，たたいたりできるようになる。親や保育者などの使っている道具に対しても興味を示し，大人の姿を模倣して道具を使うようになる。つまり，1歳児では，自己中心的でありながらも，他者への関心が出始め時期であるといえる。

　食事の場面では，スプーンやフォークを使って食事ができるようになる。食事面だけでなく，睡眠や排せつのリズムが一定してくる。さらに，自分の要望や欲求を親や保育者にわかってもらいたいと思うようになり，指差しや身振りで示したり，簡単な言葉を使い片言で伝えたりするようになる。

　保育のポイントは，個人差に配慮した関わりを重視することにある。1歳児クラスは，歩き始めが早い子ども，なかなか歩き始めない子どもが混在している。また，言葉の出始めの時期も一人ひとり異なってくる。そのため，発達の個人差を受け止めながらも，早い・遅いで捉えるのではなく，その子の発達のスピードに寄り添った保育を心がけていくことが大切になる。

　遊びについては，自分の体を使って動くことが楽しい時期となるため，リトミックやマット遊び，段ボールを用いて遊ぶなど，全身を使った遊びを取り入れていきたい。積み木やブロックを積んだり，新聞紙をちぎったり，ねんど遊びなど指先を使ったりする遊びを行っていくことが1歳児の発達上，適している。また，好奇心が広がる時期なので，屋外で遊ぶ時間も意識して増やしていく。園庭やお散歩のときに拾った自然物を活動に取り入れていくことは，子どもたちのさまざまな感覚を育てていくことにつながる。

▼実習指導計画案　中心となる活動「新聞紙遊び」の細案（1歳児）

【2年次責任実習用】一日実習指導計画案　別紙
中心となる活動〔　新聞紙遊び　　　　　　　〕の細案
実施日令和元年　7　月　17　日（　水　曜日）

1歳児　みかん組　12名（男児　6名　／　女児　6名）　実習生：

ねらい 新聞紙遊びを通して音の違いを発見したり紙の感触を楽しんだりする。			

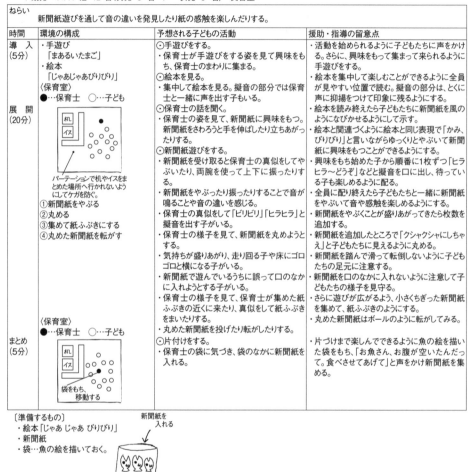

時間	環境の構成	予想される子どもの活動	援助・指導の留意点
導入 (5分) 展開 (20分) まとめ (5分)	・手遊び 「まあるいたまご」 ・絵本 「じゃあじゃあびりびり」 〈保育室〉 ●…保育士　○…子ども パーテーションで机やイスをまとめた場所へ行かれないようにしてケガを防ぐ。 ①新聞紙をやぶる ②丸める ③集めて紙ふぶきにする ④丸めた新聞紙を転がす 〈保育室〉 ●…保育士　○…子ども 袋をもち、移動する	⊙手遊びをする。 ・保育士が手遊びをする姿を見て興味をもち、保育士のまわりに集まる。 ⊙絵本を見る。 ・集中して絵本を見る。擬音の部分では保育士と一緒に声を出す子もいる。 ⊙保育士の話を聞く。 ・保育士の姿を見て、新聞紙に興味をもつ。新聞紙をさわろうと手を伸ばしたり立ちあがったりする。 ⊙新聞紙遊びをする。 ・新聞紙を受け取ると保育士の真似をしてやぶいたり、両腕を使って上下に振ったりする。 ・新聞紙をやぶったり振ったりすることで音が鳴ることや音の違いを感じる。 ・保育士の真似をして「ビリビリ」「ヒラヒラ」と擬音を出す子がいる。 ・保育士の様子を見て、新聞紙を丸めようとする。 ・気持ちが盛りあがり、走り回る子や床にゴロゴロと横になる子がいる。 ・新聞紙で遊んでいるうちに誤って口のなかに入れようとする子がいる。 ・保育士の様子を見て、保育士が集めた紙ふぶきの近くに来たり、真似をして紙ふぶきをまいたりする。 ・丸めた新聞紙を投げたり転がしたりする。 ⊙片付けをする。 ・保育士の袋に気づき、袋のなかに新聞紙を入れる。	・活動を始められるように子どもたちに声をかける。さらに、興味をもって集まって来られるように手遊びをする。 ・絵本を集中して楽しむことができるように全員が見やすい位置で読む。擬音の部分は、とくに声に抑揚をつけて印象に残るようにする。 ・絵本を読み終えたら子どもたちに新聞紙を風のようになびかせるようにして示す。 ・絵本と関連づくように絵本と同じ表現で「かみ、びりびり」と言いながらゆっくりとやぶいて新聞紙に興味をもつことができるようにする。 ・興味をもち始めた子から順番に1枚ずつ「ヒラヒラ～どうぞ」などと擬音を口に出し、待っている子も楽しめるようにする。 ・全員に配り終えたら子どもたちと一緒に新聞紙をやぶいて音や感触を楽しめるようにする。 ・新聞紙をやぶくことが盛りあがってきたら枚数を追加する。 ・新聞紙を追加したところで「クシャクシャにしちゃえ」と子どもたちに見えるように丸める。 ・新聞紙を踏んで滑って転倒しないように子どもたちの足元に注意する。 ・新聞紙を口のなかに入れないように注意して子どもたちの様子を見守る。 ・さらに遊びが広がるよう、小さくちぎった新聞紙を集めて、紙ふぶきのようにする。 ・丸めた新聞紙はボールのように転がしてみる。 ・片づけまで楽しんでできるように魚の絵を描いた袋をもち、「お魚さん、お腹が空いたんだって。食べさせてあげて」と声をかけ新聞紙を集める。

〔準備するもの〕
・絵本「じゃあじゃあ びりびり」
・新聞紙
・袋…魚の絵を描いておく。

新聞紙を入れる

【指導計画作成のポイント】

1歳児の指導計画で大切にしたい記載項目と配慮点

★　他児の関わりも増えてくるが，まだ自己中心的であるため，子ども同士で玩具の取り合いや保育者を独占したいなどの要求を示してくる。1歳児は，子ども同士でいざこざが起きやすいことを念頭におき，トラブルが生じることも想定し，指導計画に記載するとよい。また，トラブルの原因についても記すようにする。転倒などでケガや事故が起きそうな場合には，事前に保育者と相談しておき，その対応策についても明記する。もしも進行が遅れるようなことが

あっても，子どものやりたい意欲を尊重し，トラブルとは別にして捉えていく。意欲的な部分には，「○○くん，先生のお手伝いしてくれようとしてくれたのね。助かったよ」などと具体的な言葉にして伝える。

★ 子どもの行動は，①具体的（例：①細かく絵描く子，紙を丸める子，ボール形にする子どもなどとそれぞれの表現活動を楽しんでいる），②肯定的（例：保育者が読み聞かせをしてもまったく集中できず，ほかの玩具で遊んでいる　→　ほかの玩具に興味をもち，一人遊びを楽しんでいる）に記載するようにする。

★ 遊びの途中の移動は，少なくすること。活動につなげるためや気分転換のための移動は入れてもいいが，低年齢児の場合は，集中力がすぐに途切れてしまうため，必要最小限の移動にとどめるようにする。

★ 子どもたちに対して，援助していきたいと感じている内容は盛り込むようにする。指導計画は，時間内に計画した工程をスムーズに進行していくことが優先されがちになる。このことからも，活動を通じて子どもたちの発達や成長をどのように支え，伸ばしていくか，どんな保育者の思いや意図があって，その活動をしていきたいのか，「保育者側の子どもに伝えていきたい内容」を具体的に記載できるとよい。明文化することで，意識的に活動に臨めるという効果が期待できるからである。また，指導計画が計画通りに進まないとしても，子どもが自主的に遊びを展開させていくことが重要となる。そのため，子どもの意思を可能な範囲で受け入れ，臨機応変に対応できるようにする。

★ 子どもの行動を受け，対処や判断したことは，その動機も記しておく（例：早く完成した子どもがいたため，もう1枚作成したいという意欲を尊重し，余分に準備していた画用紙を渡した）。

★ まだ言葉が出ない子どももいるため，表情を読み取り，その表情の裏側にある気持ちに寄り添う。とまどいの表情をしている子どもに対しては，どのように声がけしていくかも記載しておく。

★ 活動を通した「ねらい」と子どもにしてほしいことが混在しないよう留意する。

　子どもに身につけてもらいたい「資質・能力」と実際にすることが望まれる行動は別のものとして考える（例：「ケンカが起きないようにする」ではなく，「一人ひとりが順番を守ることで，協力し合うことの達成感を味わう」とすると「ねらい」となる）。

3. 2歳児の指導計画と実践

運動面では，歩行が安定し，走る・跳ぶなど，全身運動の範囲が広がってくる時期となる。生活面では，指先の機能が発達し，衣類の着脱や食事の際に自分でやろうという意欲が生まれ，自発的に行えるようになる。自立が進む一方で，自己主張が強くなってくる時期でもある。語彙が増え，保育者の援助を受けながらも友達とのやりとりを楽しむようになる。また，行動に対する意味づけをするようになり，見立て遊びができるようになる。排せつの自立に向けた身体的な機能も徐々に備わってくる。排せつの自立は，年齢ではなく，子どもの発達に合わせて，子ども自身が安心した状態で進めていくことが重要になる。そのため，子どもの状態に合わせながらも，2歳児クラスからトイレットトレーニングを開始する保育所も増えてきている。

保育のポイントは，子どもの自分でやりたい気持ちを尊重し，すぐに手をかさず，見守ることが大切になる。排せつの自立に関しては，成功した場合には，しっかりとほめることで，その子どもの自信につなげていく。失敗した場合は，責めることなく，次に気持ちが向かうような声がけをする。2歳児なりのプライドがあるため，失敗を指摘してしまうと，排せつの自立が長引く可能性がある。食事の場面でも好き嫌いが出てくる頃だが，無理して食べさせるのではなく，量を調節するなど工夫をしながら，励ましつつ，食事を楽しんで進められるような援助を心がける。

遊びについては，全身を使った運動遊び（ダンス・走る・鉄棒にぶら下がる・跳びはねる）を取り入れるとよい。また，近くの公園などに散歩に出かけるなど，園外の環境に触れる機会を用意していきたい。簡単な製作もできるようになるため，クレヨンを使ってなぐり書きをしたり，素材をちぎって貼ったりと指先を使った感覚遊びをしていきたい。季節の製作物を活動に取り入れていくと季節や行事に対する関心の幅が広がっていく。

【指導計画作成のポイント】

2歳児の指導計画で大切にしたい記載項目と配慮点

★　子どもの姿の欄には，指導計画を作成する時期に見られる，子どものそのままの姿を書くようにする。具体性に欠くと，子どもたちの状況が伝わらず，どのような援助をしていきたいのかが不明確となる。

★　計画は細かく立てておく。絵本や手遊びをする場合には，発達にあったもの

▼実習指導計画案　中心となる活動「おひなさま製作」の細案（2歳児）

【2年次責任実習用】　一日実習指導計画案　別紙

中心となる活動〔 おひなさま製作 **　　　　　　　）の細案**

実施日令和元年　2月　21日（金　曜日）

2歳児　ぶどう組　15名（男児7名　／　女児8名）　実習生：

ねらい　おひなさま製作を通して季節の行事に興味をもつ。

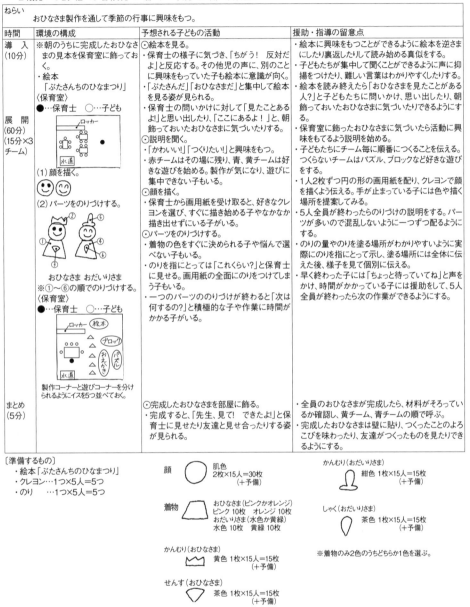

時間	環境の構成	予想される子どもの活動	援助・指導の留意点
導入 (10分) 展開 (60分) (15分×3 チーム) まとめ (5分)	※朝のうちに完成したおひなさまの見本を保育室に飾っておく。 ・絵本 「ぶたさんちのひなまつり」 〈保育室〉 ●…保育士　○…子ども (1) 顔を描く。 (2) パーツをのりづけする。 おひなさま　おだいりさま ※①〜⑥の順でのりづけする。 〈保育室〉 ●…保育士　○…子ども 製作コーナーと遊びコーナーを分けられるようにイスを5つ並べておく。	⊙絵本を見る。 ・保育士の様子に気づき、「ちがう！ 反対だよ」と反応する。その他児の声に、別のことに興味をもっていた子も絵本に意識が向く。 ・「ぶたさんだ」「おひなさまだ」と集中して絵本を見る姿が見られる。 ・保育士の問いかけに対して「見たことあるよ」と思い出したり、「ここにあるよ！」と、朝飾っておいたおひなさまに気づいたりする。 ⊙説明を聞く。 ・「かわいい」「つくりたい」と興味をもつ。 ・赤チームはその場に残り、青、黄チームは好きな遊びを始める。製作が気になり、遊びに集中できない子もいる。 ⊙顔を描く。 ・保育士から画用紙を受け取ると、好きなクレヨンを選び、すぐに描き始める子やなかなか描き出せずにいる子がいる。 ⊙パーツをのりづけする。 ・着物の色をすぐに決められる子や悩んで選べない子もいる。 ・のりを指にとっては「これくらい？」と保育士に見せる。画用紙の全面にのりをつけてしまう子もいる。 ・一つのパーツののりづけが終わると「次は何するの？」と積極的な子や作業に時間がかかる子がいる。 ⊙完成したおひなさまを部屋に飾る。 ・完成すると、「先生、見て！ できたよ！」と保育士に見せたり友達と見せ合ったりする姿が見られる。	・絵本に興味をもつことができるように絵本を逆さにしたり裏返したりして読み始める真似をする。 ・子どもたちが集中して聞くことができるように声に抑揚をつけたり、難しい言葉はわかりやすくしたりする。 ・絵本を読み終えたら「おひなさまを見たことがある人？」と子どもたちに問いかけ、思い出したり、朝飾っておいたおひなさまに気づいたりできるようにする。 ・保育室に飾ったおひなさまに気づいたら活動に興味をもてるよう説明を始める。 ・子どもたちにチーム毎に順番につくることを伝える。つくらないチームはパズル、ブロックなど好きな遊びをする。 ・1人2枚ずつ円の形の画用紙を配り、クレヨンで顔を描くよう伝える。手が止まっている子には色や描く場所を提案してみる。 ・5人全員が終わったらのりづけの説明をする。パーツが多いので混乱しないように一つずつ配るようにする。 ・のりの量やのりを塗る場所がわかりやすいように実際にのりを指にとって示し、塗る場所には全体に伝えた後、様子を見て個別に伝える。 ・早く終わった子には「ちょっと待っていてね」と声をかけ、時間がかかっている子には援助をして、5人全員が終わったら次の作業ができるようにする。 ・全員のおひなさまが完成したら、材料がそろっているか確認し、黄チーム、青チームの順で呼ぶ。 ・完成したおひなさまは壁に貼り、つくったことのよろこびを味わったり、友達がつくったものを見たりできるようにする。

〔準備するもの〕
・絵本「ぶたさんちのひなまつり」
・クレヨン…1つ×5人＝5つ
・のり　…1つ×5人＝5つ

顔　　肌色
2枚×15人＝30枚
（＋予備）

着物　おひなさま（ピンクかオレンジ）
ピンク 10枚　オレンジ 10枚
おだいりさま（水色か黄緑）
水色 10枚　黄緑 10枚

かんむり（おひなさま）　黄色 1枚×15人＝15枚
（＋予備）

せんす（おひなさま）　茶色 1枚×15人＝15枚
（＋予備）

かんむり（おだいりさま）　紺色 1枚×15人＝15枚
（＋予備）

しゃく（おだいりさま）　茶色 1枚×15人＝15枚
（＋予備）

※着物のみ2色のうちどちらか1色を選ぶ。

を数種類考えておき，それらの名称も書いておくとよい。

★　保育者と相談し，提案されたアイデアを取り入れてみる。保育者は，子どもたちと日々生活していることから，子どもの発達に適した助言をしてくれる。また，保育者が実際にどのような声がけを行っているのかも覚えておくとよい。

そして，助言や参考になった声がけは指導案にも適宜生かしていく。

★　子どもに対する対応策は，具体的な内容を記載しておく。例えば，絵を描き始めないで手が止まっている子どもに対しては，「画用紙に好きなお顔を描いていいことを伝える」では，子どもには伝わらない。保育者からの声がけとしては，「ここにお顔を描いてみてね，みんなのお顔と同じ色を塗ってみようか。ぶどう組のお友達のお顔はどんな色をしているかな？」などと子どもたちがイメージしながら，書き始められるような声がけや具体的な作業の提案をしていくとよい。

★　早く完成する子どもと，なかなか完成できない子どもの間でいざこざが起きることも想定されるので，その際の対応策についても事前に考え，記載しておく。

★　2歳児は，想像力がまだ育っていないため，何かの背景や過程を推測することはできない。保育者は，子どもたちが理解できるよう，絵や写真なども用いながら説明することが求められる。

★　子どもたちが話の展開を理解し，活動に向かえるようにしていく。「今日は，○○が来られないから，先生がみんなに見せてあげるように頼まれたよ。みんなもお手伝いしてくれると○○もよろこぶね」などと子どもたちの感性を大切にしながら，子ども自身が納得いくような流れを考えていく。

★　排せつの自立に向けた援助をしていく時期なので，指導計画のなかにも決まった時間にトイレに行けるよう設定しておく。これは，習慣として全員で行なっていくという「ねらい」にもなる。園によって，排せつの時間をどのように設定していくのか，担当保育者に確認しておき，指導計画にも反映させる。

★　援助をする際は，その理由（なぜ，そうするのか）もしっかりと明記する。

4. 3歳児の指導計画と実践

　衣類の着脱など身近なことは，ある程度自分でできるようになる。また，なんでも自ら取り組む様子が見られるようになるなど，自主性と自我が芽生える時期でもある。語彙が増え，言葉のやりとりも盛んになり，「どうして？」や「なんで？」などの質問が増えてくる。つまり，知的好奇心やさまざまなものに興味・関心を示す姿が見られるようになってくる。

　生活面では，食事・衣類の着脱・排せつなどの基本的な生活習慣がある程度，身についてくる。ハサミで紙を切ることや閉じた丸（○）が描けるようになる。指先の調整ができるようになるとともに，二つの作業を同時にするなど並行した

活動も可能になる。運動面でもめざましい発達がみられ，平均台を渡ったり，高いところからジャンプしたり，ボールを投げたり，蹴ったり，ぶら下がったり，三輪車をこいだり，でんぐり返しをしたりするなど，基本的な動作がひと通りできるようになる。

　社会性の面では，平行遊びをしながら，友達と道具の貸し借りができるようになり，子ども同士の関わりもできるようになる。その際，遊具や玩具の取り合いからトラブルに発展することもあるが，少しずつ貸し借りができたり，分け合ったり，順番に使ったりとルールを守ることの大切さを理解し，規範意識が芽生えてくる。

　保育のポイントは，「自分でできる」と誇りをもってチャレンジする時期なので，できたことのよろこびを共感し，認めてあげることで達成感がもてるようにする。語彙が増えてくることで，自分の気持ちを表現するようになる。また，言葉だけでなく，保育者の表情を見ながら反応をうかがうような姿も出てくる。してはいけないことに対しては，子どもの気持ちに寄り添いつつも，毅然とした態度で接するようにする。「なんで？」「どうして？」といった質問に対しては，ていねいに返答する。わからない場合でも，中途半端に答えず，「不思議だね」「なんでだろうね」「先生もわからないな」と正直な思いを伝えることが重要となる。

　遊びについては，全身を使った運動や階段・平均台などバランス感覚を養うような活動を取り入れるとよい。また，お絵描きや簡単な製作も楽しんで行うようになる。身近な動物や人を描くようになるため，「何を書いているのかな？」「これは，何をしているの？」など意味づけをするような声がけをする。また，「お耳をつけてあげよう」などと描きたしの提案もしていく。

　簡単なルールのある遊びもできるようになるため，遊びを実際にやって見せながらルールの説明をする。ルールが難しい場合には，子どもたちが理解できるように変えてみるのもよい。自分の思いどおりにいかないと不適切な言葉を言う子どもも出てくるが，頑固な態度やその場に相応しくない言動を否定的に見るのではなく，行動の裏側にある子どもの思いを理解していく。子どもたちは，保育者からのやさしく，楽しい声がけに安心感や心地よさを感じ，そのような関わりのなかから相手の気持ちを考え，信頼する気持ちが芽生えてくる。

▼実習指導計画案　中心となる活動「落ち葉でお面製作」の細案（3歳児）

【2年次責任実習用】　一日実習指導計画案　別紙

中心となる活動〔　落ち葉でお面製作　〕の細案

実施日令和元 年 10 月 29 日(火 曜日)

3歳児 たんぽぽ 組 20 名(男児 10 名　／　女児 10 名)　実習生:

ねらい			
	身近に落ちている葉での製作を通して身のまわりの自然や季節の移ろいに興味をもつ。		
時間	環境の構成	予想される子どもの活動	援助・指導の留意点

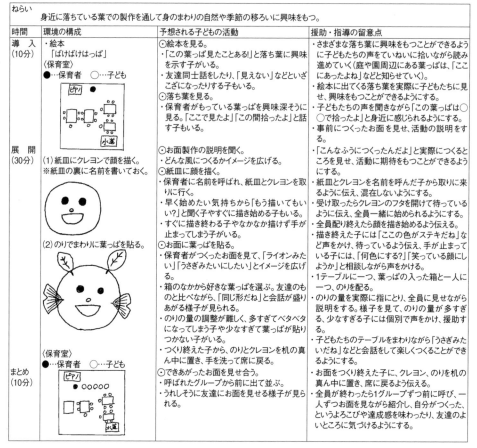

時間	環境の構成	予想される子どもの活動	援助・指導の留意点
導入 (10分)	・絵本 「ばけばけはっぱ」 〈保育室〉 ●…保育者　○…子ども	⊙絵本を見る。 ・「この葉っぱ見たことある!」と落ち葉に興味を示す子がいる。 ・友達同士話をしたり、「見えない」などといざこざになったりする子もいる。 ⊙落ち葉を見る。 ・保育者がもっている葉っぱを興味深そうに見る。「ここで見たよ」「この間拾ったよ」と話す子もいる。	・さまざまな落ち葉に興味をもつことができるように子どもたちの声をていねいに拾いながら読み進めていく(庭や園周辺にある葉っぱは、「ここにあったよね」などと知らせていく)。 ・絵本に出てくる落ち葉を実際に子どもたちに見せ、興味をもつことができるようにする。 ・子どもたちの声を聞きながら「この葉っぱは○○で拾ったよ」と身近に感じるようにする。 ・事前につくったお面を見せ、活動の説明をする。
展開 (30分)	(1) 紙皿にクレヨンで顔を描く。 ※紙皿の裏に名前を書いておく。 (2) のりでまわりに葉っぱを貼る。 〈保育室〉 ●…保育者　○…子ども	⊙お面製作の説明を聞く。 ・どんな風につくるかイメージを広げる。 ⊙紙皿に顔を描く。 ・保育者に名前を呼ばれ、紙皿とクレヨンを取りに行く。 ・早く始めたい気持ちから「もう描いてもいい?」と聞く子やすぐに描き始める子もいる。 ・すぐに描き終わる子やなかなか描けず手が止まってしまう子がいる。 ⊙お面に葉っぱを貼る。 ・保育者がつくったお面を見て、「ライオンみたい」「うさぎみたいにしたい」とイメージを広げる。 ・箱のなかから好きな葉っぱを選ぶ。友達のものと比べながら、「同じ形だね」と会話が盛りあがる様子が見られる。 ・のりの量の調整が難しく、多すぎてベタベタになってしまう子や少なすぎて葉っぱが貼りつかない子がいる。 ・つくり終えた子から、のりとクレヨンを机の真ん中に置き、手を洗って席に戻る。	・「こんなふうにつくったんだよ」と実際につくるところを見せ、活動に期待をもつことができるようにする。 ・紙皿とクレヨンを名前を呼んだ子から取りに来るように伝え、混在しないようにする。 ・受け取ったらクレヨンのフタを開けて待っているように伝え、全員一緒に始められるようにする。 ・全員配り終えたら顔を描き始めるよう伝える。 ・描き終えた子には「ここの色がステキだね」など声をかけ、待っているよう伝え、手が止まっている子には、「何色にする?」「笑っている顔にしようか」と相談しながら声をかける。 ・1テーブルに一つ、葉っぱの入った箱と一人に一つ、のりを配る。 ・のりの量を実際に指にとり、全員に見せながら説明をする。様子を見て、のりの量が多すぎる、少なすぎる子には個別で声をかけ、援助する。 ・子どもたちのテーブルをまわりながら「うさぎみたいだね」などと会話をして楽しくつくることができるようにする。 ・お面をつくり終えた子に、クレヨン、のりを机の真ん中に置き、席に戻るよう伝える。
まとめ (10分)		⊙できあがったお面を見せ合う。 ・呼ばれたグループから前に出て並ぶ。 ・うれしそうに友達にお面を見せる様子が見られる。	・全員が終わったら1グループずつ前に呼び、一人ずつお面を見ながら紹介し、自分がつくった、というよろこびや達成感を味わったり、友達のよいところに気づけるようにする。

〔準備するもの〕
・絵本「ばけばけはっぱ」
・クレヨン
・のり

・落ち葉…イチョウ、サクラ、モミジ
　1箱×4グループ=4箱
・紙皿…1枚×20人=20枚
　　　　　　　　（＋予備）

【指導計画作成のポイント】

3歳児の指導計画で大切にしたい記載項目と配慮点

★　自主性が出てきたとしても，製作などの場面では，保育者が見本を見せてから行う必要がある。保育者が「こんなふうにつくったんだよ」と実際につくるところを見せ，活動に期待をもたせるようにする。子どもたちは，保育者を見て，「やってみたい」という気持ちになるため，保育者の姿を模倣しながら進めていけるような手順で進めていくとよい。

★ 声がけは，指導案通りにいかないことがあるため，声がけのバリエーションをいろいろと考えておく。子どもが途中で飽きてしまったり，集中力がもたなかったり，友達と遊んでしまったりと，さまざまな場面が予測できるため，その場の状況に応じた対応策や声がけのパターンを用意しておく。

★ 子どもは，ほめられると自信をもち，「もっとやりたい」「うまくなりたい」「次に挑戦したい」といった向上心をもつようになる。保育者は，子どもの様子をしっかりと観察し，分析力をもって関わることが重要になる。「ここの色がステキだね」などと具体的な部分を示し，肯定的な言葉を伝えたい。

★ できない子どもへの対応も考えておく必要がある。作業ができずに止まっている子どもには，「何色にする？」「笑っている顔にしてみようか」などと相談しながら子ども自身が納得して，作業に向かえるようサポートしていく。

★ 子どもに対して説明が伝わりにくい場合には，擬音などの効果音を使って伝えることも保育をしていくうえでの一つの手段となる。また，日課として行う活動も考えておくとよい。ある園では，3歳児になると，登園時に水筒とタオルを所定の場所に置き，荷物の確認をしている。毎日行っていることに対して声がけをしていくことで，自分のすべき行動や持ち物を確認できるようになり，園生活での習慣が身についていく。

★ 製作が完成して終わりではなく，発展した遊びも楽しみたい。例えば，発泡スチロールを用いて魚をつくったとしたら，魚つりだけでなく，お店屋さんごっこに発展させたり，グループでの発表会につなげたりし，自分でつくったというよろこびや達成感を味わいたい。また，友達のよいところに気づけるような援助や活動が望ましい。

5. 4歳児の指導計画を実践

　自分と他者との区別がわかるようになり，自我が形成されるが，保育者や友達とのコミュニケーションも楽しんで行うようになる。葛藤や思い通りにならないことを経験しながら，他者の気持ちに気づけるようになり，思いやりの心が芽生えてくる時期でもある。また，身のまわりのことができるようになるだけでなく，見通しをもった行動ができるようになる。見通しがもてることに伴う我慢や努力する姿が見られるようになるのもこの時期の特徴である。

　保育者は，我慢できたこと，努力できたことを見逃さず，その思いを認めてあげることが大切である。日常生活で必要な言葉が使えるようになり，友達に対しても思いやりの言葉をかけたり，手伝うような姿が見られたりするようになる。

そして，子ども自身が他者の役に立つことによろこびを感じて行動するようになる。

　保育のポイントは，成功や失敗にとらわれず，考えて行動できたこと，本人なりの工夫など，活動中のプロセスに着目し，その姿勢や成果をほめてあげるとよい。子どもをほめる際は，「かっこいいね」「じょうずだね」とひと言で済まさず，「ここの部分，よく考えたね」「この形がステキだね」と具体的な言葉がけを意識したい。身近な環境に興味を示したら，そのことに共感しながら，一緒に図鑑などで調べたり，実際に遊びを通して確認したりする機会を用意することが大切になる。そのことで，子どもの関心がさらに広がり，知識が深まっていく。

　見通しをもって行動できる一方で，葛藤から友達同士のトラブルが発生する場面が出てくる。ケンカの対応では，それぞれの言い分を聞いてあげることが必要となる。保育者が，子どもの自己主張を受け止めていくことで，自分の気持ちが整理できるようになり，相手の思いにも気づけるようなっていく。保育中には，保育者側の意見を提案する場面が出てくるが，大人の意見を押しつけたり，無理に仲直りをさせたりしないよう留意したい。

　遊びについては，全身を使って活動的に動けるようになるため，片足跳びやスキップ，転がってきたボールを蹴るなど，複雑な運動をしていく機会を設けていきたい。さらに，勝ち負けがわかるようになるため，競争する楽しさを伝えられる遊びを用意したい。集団遊びを進んでするようになるため，鬼ごっこやかくれんぼなど簡単なルール遊びをし，遊びの幅が広がるような活動を取り入れていけるとよい。

【指導計画作成のポイント】

4歳児の指導計画で大切にしたい記載項目と配慮点

★　子どもの様子を見て，保育者がどこまで援助しているのか，保育者側の行動の意図をつかみ参考にしていきたい。保育者は，子どもの状況や動きを見て対応しているため，すぐに手伝ったり，声がけをしたりしていないことが見て取れるであろう。すなわち，子どもの動きを見守りながらも必要に応じて保育者が介入できるように心がけていくことが重要となる。

★　4歳児になると，見通しをもって行動できるようになるため，「長い針が真上の12，短い針がここの10になったら終わりにします」などと時計を指差しながら，時間の推移を理解し，自分の行動をコントロールできるように声がけをしていく。作業行程の説明は理由も示すようにする。

▼実習指導計画案　中心となる活動「絵の具スタンプで雪だるまづくり」の細案（4歳児）

【2年次責任実習用】　一日実習指導計画案　別紙
中心となる活動〔　絵の具スタンプで雪だるま作り　　　〕の細案
実施日 令和2 年　30 月　29 日(木　曜日)

　　　4 歳児 たんぽぽ 組 20 名(男児 10 名　/　女児 10 名)　実習生：

ねらい			
	雪だるま製作を通して、季節の移ろいを感じ、地域によって気候の違いがあることを知る。		
時間	環境の構成	予想される子どもの活動	援助・指導の留意点
導入 (10分)	・絵本 「ねずみくんとゆきだるま」 〈保育室〉 写真や子どもの 意見を貼る。 あらかじめ新聞紙 を敷く。 ●…保育者　○…子ども	①絵本を見る。 ・絵本を見ながら「雪だるまをつくりたい!」などとイメージを広げる。 ②写真を見る。 ・実際の写真を見て雪に対するイメージを広げる。雪がたくさん降る地域があることを知る。 ・手をあげて、「雪だるまをつくりたい!」「雪合戦がしたい!」とさらにイメージを広げる。	・子どもたちが楽しんで絵本を見ることができるように声に抑揚をつけたり「楽しそうだね」と声をかけたりしながら読み進めていく。 ・絵本を読み終えたら実際の雪だるまや雪うさぎ、かまくらの写真を見せて雪がたくさん降る地域があることを知らせる。 ・さらにイメージを広げることができるように「雪が降ったらどんな遊びがしたい?」と聞く。
展開 (40分)	①画用紙に雪だるまの形を描く。 ②絵の具スタンプをする。 雪だるまの中、まわりを自由にスタンプする。 ③雪だるまに顔を描く。	①製作の準備をする。 ・保育者がつくった絵を見て「本当の雪みたい」「やってみたい」と話す姿が見られる。 ・呼ばれた子から画用紙とクレヨンを受け取り、席に戻る。 ②画用紙に雪だるまの形を描く。 ・保育者の話を聞き、白いクレヨンで円を2つ描く。画用紙いっぱいに大きく描く子や小さく描く子がいる。 ③絵の具スタンプをする。 ・グループの当番の子は保育者から絵の具が入った器と人数分のたんぽを受け取り、席に戻る。 ・円の中だけでなく円の外にも色をつけ、「雪が降っているみたい!」とイメージを広げる子がいる。 ・スタンプが終わった子から水道で手を洗い、クレヨンをもって席に戻る。 ④雪だるまに顔を描く。 ・「笑った顔にしようと!」と、イメージをしながら顔を描く姿が見られる。	・出てきた意見が全員に見えるよう書き出していく。 ・ある程度意見が出たらゆきだるまの絵を見せながら活動を伝える。「絵の具を使って描いたよ」と活動に期待できるような声がけをする。 ・一人ずつ名前を呼び、クレヨンと画用紙を渡し、席に戻るよう伝える。 ・実際に描く姿を見せながら説明をする。 ・子どもたちの様子を見て声をかけたり援助したりする（円はなるべく大きく描けるようにする）。 ・円を描き終えた子のクレヨンを順番に集める。 ・グループの当番の子を呼び、絵の具が入った器とたんぽを人数分渡す。 ・実際に見せながらたんぽでスタンプをするように説明する。 ・子どもたちの様子を見ながら「きれいだね」「本物の雪みたいだね」と声をかけ、イメージを共有する。 ・スタンプが終わった子から手を洗うよう伝える。手を洗い終えた子にクレヨンを渡す。 ・全員が終わったグループから、絵の具セットを回収する。 ・全員が手を洗い終えたら、雪だるまに顔を描くことを伝える。「笑った顔にしようかな」と実際に描いて見せる。
まとめ (10分)		⑤つくった雪だるまをみんなに見せる。 ・呼ばれたグループから前に出て、自分の作品を見せたり、友達の作品を見たりする。	・全員顔を描き終えたら、グループ毎に前に呼び、一人一人の作品を紹介して、友達とイメージを共有できるようにする。

〔準備するもの〕
・絵本「ねずみくんとゆきだるま」
・雪の写真（雪だるま、雪うさぎ、かまくら）
・紙とマジック（子どもたちの意見を書く用）
・新聞紙

・クレヨン…20本
・絵の具の入った器
　　…1コ×4グループ=4コ
・たんぽ…1コ×20人=20本

・黒画用紙…1枚×20人=20枚
　　　　（+予備）

★　指導計画は，ある程度ゆとりがあるように計画する。慌ただしい進行は，子ども自身が安心して取り組めないため，子どもの意欲を削ぐことにもつながる。加えて，子どもたちの活動のスピードには，個人差や発達の状況にもよるため，子どもたちを急かせるような声がけは避けたい。一つひとつの作業や行動の目的は，早くできようになることでは決してないからである。

★　保育者が直接援助するだけでなく，イメージがわくように，子どもたち自身が想像したり，考えたりするような配慮が必要となる（例：実際の雪だるまや

雪うさぎ，かまくらの写真を見せることで，自分たちの地域の特性を知るとともに，雪がたくさん降る地域を知るきっかけとなり，雪に対するイメージが広がっていく）。

★　活動の切り替えに注意する。いつから活動を開始するのか，活動の区切りが子どもたちに伝わるように，説明の時間をはさむなどの工夫をする。子どもにとって，活動を途中でやめることは残念に感じるものである。そのため，子どもたちの意欲を認めつつ，説明のあとに活動が続けられることを伝えるようにしたい。段階的かつスムーズに取り組めるような計画を立てることは，子どもたちが見通しを立て，気持ちを切り替えていくうえで役立っていく。

★　チーム対抗の遊びをする際は，チームごとに手をあげさせるなど，自分がどのチームに所属しているのかが理解できるようにする。こうすることで，チームが別れやすくなるという効果もある。ルールがある場合には，全体でルールを確認し，遊びがより楽しくなるような工夫をする。勝ったチームをほめるだけでなく，負けたチームのがんばりも伝えるようにする（例：こっちのチームも一生懸命走っていたね。友達が走っているときに，大きな声で応援できてかっこよかったよ）。

6. 5歳児の指導計画と実践

　日常生活の基本的な生活習慣が確立し，細かな作業ができるようになるなど，運動機能が向上する。社会生活に必要な力も身についてき，自分の気持ちを伝えたり，相手の気持ちを聞いたりし，友達と協力しながら目標に向かって行動できるようになる。これまでの経験や知識を生かして，今を基点とした時間軸や空間が認識できるようになり，計画を立てて行動できるようになる。思考力が高まり，会話や描画表現にも豊かさがみられてくる。

　運動面では，心肺機能が高まり，活発に身体を動かせるようになる。また，空中で重心をコントロールできるようになり，自らも意欲や向上心をもちながら，さまざまなことに挑戦するようになる。

　保育のポイントは，自分の目標を振り返り，次にどうすべきか子ども自身が考えられるようにしていくため，「がんばってできた」「友達と協力してできた」という気持ちを受け止め，自己肯定感や仲間意識がもてるようにする。また，文字に対する興味が出てくる頃でもある。言葉のイメージが膨らむような絵本を読んだり，身近な体験を文字で表現できるような活動を展開することが大切である。時間軸の認識ができるようになることから，動植物を育て，子ども自身がそれらを観察できるような「環境」を通じて学ぶ機会も，積極的に取り入れていきたい。

▼実習指導計画案　中心となる活動「探検ごっこ」の細案（5歳児）

【2年次責任実習用】　一日実習指導計画案　別紙

中心となる活動〔　探検ごっこ　　　　　　〕の細案

実施日令和元年　5 月　22 日（水　曜日）

5 歳児　さくら　組　20 名（男児 10 名　／　女児 10 名）実習生：

	ねらい	探検ごっこを通して身近な環境に親しみ、自然と触れ合うなかでさまざまな事象に興味や関心をもつ。	
時間	環境の構成	予想される子どもの活動	援助・指導の留意点
導　入 （10分）	・絵本 「わんぱくだんのおにわのようせいたち」 〈保育室〉 ●…保育者　○…子ども 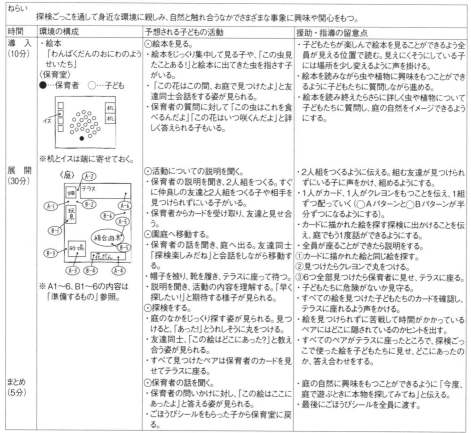 ※机とイスは端に寄せておく。	○絵本を見る。 ・絵本をじっくり集中して見る子や、「この虫見たことある！」と絵本に出てきた虫を指差す子がいる。 ・「この花はこの間、お庭で見つけたよ」と友達同士会話をする姿が見られる。 ・保育者の質問に対して「この虫はこれを食べるんだよ」「この花はいつ咲くんだよ」と詳しく答えられる子もいる。	・子どもたちが楽しんで絵本を見ることができるよう全員が見える位置で読む。見えにくそうにしている子には場所を少し変えるように声を掛ける。 ・絵本を読みながら虫や植物に興味をもつことができるように子どもたちに質問しながら進める。 ・絵本を読み終えたらさらに詳しく虫や植物について子どもたちに質問し、庭の自然をイメージできるようにする。
展　開 （30分）	〈庭〉 ※A1〜6、B1〜6の内容は「準備するもの」参照。	○活動についての説明を聞く。 ・保育者の説明を聞き、2人組をつくる。すぐに仲良しの友達と2人組をつくる子や相手を見つけられずにいる子がいる。 ・保育者からカードを受け取り、友達と見せ合う。 ○園庭へ移動する。 ・保育者の話を聞き、庭へ出る。友達同士「探検楽しみだね」と会話をしながら移動する。 ・帽子を被り、靴を履き、テラスに座って待つ。 ・説明を聞き、活動の内容を理解する。「早く探したい！」と期待する様子が見られる。 ○探検をする。 ・庭のなかをじっくり探す姿が見られる。見つけると、「あった！」とうれしそうに丸をつける。 ・友達同士、「この絵はどこにあった？」と教え合う姿が見られる。 ・すべて見つけたペアは保育者のカードを見せてテラスに座る。	・2人組をつくるように伝える。組む友達が見つけられずにいる子に声をかけ、組めるようにする。 ・1人がカード、1人がクレヨンをもつことを伝え、1組ずつ配っていく（○Aパターンと○Bパターンが半分ずつになるようにする）。 ・カードに描かれた絵を探す探検に出かけることを伝え、庭でもう1度話ができるようにする。 ・全員が座ることができたら説明をする。 ①カードに描かれた絵と同じ絵を探す。 ②見つけたらクレヨンで丸をつける。 ③6つ全部見つけたら保育者に見せ、テラスに座る。 ・子どもたちに危険がないか見守る。 ・すべての絵を見つけた子どもたちのカードを確認し、テラスに座れるよう声をかける。 ・絵を見つけられずに苦戦して時間がかかっているペアにはどこに隠されているのかヒントを出す。 ・すべてのペアがテラスに座ったところで、探検ごっこで使った絵を子どもたちに見せ、どこにあったのか、答え合わせをする。
まとめ （5分）		○保育者の話を聞く。 ・保育者の問いかけに対し、「この絵はここにあったよ」と答える姿が見られる。 ・ごほうびシールをもらった子から保育室に戻る。	・庭の自然に興味をもつことができるように「今度、庭で遊ぶときに本物を探してみてね」と伝える。 ・最後にごほうびシールを全員に渡す。

〔準備するもの〕
・絵本「わんぱくだんの
　おにわのようせいたち」
・クレヨン
・庭に隠す絵カード
・答え合わせ用絵カード
・ごほうびシール

・スタンプカード
（Aパターン5枚、Bパターン5枚）

おにわたんけいたい!!

①	②	③
④	⑤	⑥

首から下げられるようにヒモを
つけておく。

※Aパターン
①イチョウ　②チューリップ　　③ダンゴムシ
④サクラ　⑤てんとう虫　　　　⑥菜の花
　Bパターン
①どんぐり　②タンポポ　③アリ
④松ぼっくり⑤アオムシ　⑥つくし

　遊びの場面では，仲間と協力していろいろな素材を使って工夫する楽しさを味わえるようにする。音楽では，合唱や輪唱などもできるようになるため，クラス全員で歌う表現活動を取り入れたい。5歳児の場合には，自由に探求できる経験を多く積ませていくことが重要になる。たとえ，子どもたちが難しい局面に立た

されたとしても，保育者が一方的に知識を教えるのではなく，自ら主体的に考えたり，調べたり，試したりすることができるようにしていきたい。

この頃は，集団遊びの機会が増え，子どもたち同士でルールある遊びを積極的に楽しむようになる。ときには，お互いの思いがぶつかり合う場面も出てくるが，その際は保育者がすぐに仲裁に入るのではなく，まずは子どもたちの様子を見守っていきたい。つまり，子どもが相手の話をよく聞き，理解して考えてみる機会や自分の考えを相手に伝える機会を大切にしていくことが重要となってくる。

【指導計画作成のポイント】

5歳児の指導計画で大切にしたい記載項目と配慮点

★　文字への興味が出てくるため，数の理解も進んでくる。時計や黒板などを活用し，日課を確認できるようにする。製作の際は，記名を自分でするようにしたい。紙皿で時計をつくったり，ビンゴゲームなど，5歳児の発達に合わせた遊びを計画していく。この時期の活動は，小学校を意識した遊びを取り入れていくようにする。

★　積極的な子どもとおとなしい子どもの両方がいるため，それぞれに対してどのような関わり方をしたらよいのかわからない場面も出てくるだろう。また，皆の輪に入らたがらない，いうことを聞いてくれないなど，関わり方が難しい子どもへの対応方法については，担当保育者に聞くようにする。自分から参加する気持ちになるまで待つ，活動を進めながらも待っていることを伝え続ける，何をする時間か問いかけてみる，参加しやすい環境を用意するなど，その子どもに応じた対処法や指導のコツがあるかもしれない。困った際は，自分の判断で対処するのではなく，たくさんの経験を積んできた保育者に聞いてみたい。感覚が敏感な子どもや慣れずに嫌がる子ども，失敗することを恐れて慎重になっている子どもがいる際は，無理をさせずに子どものペースで取り組めるような配慮が求められる。指導案には，このようにさまざまに想定される子どもへの配慮を明記するようにしたい。

★　5歳児であればハサミなど多くの道具が使いこなせるようになっている。安全な使い方について意識することが大切となるため，製作の場面では，安全面やじょうずに使うことなど，技術面に目が行きがちである。しかし，目の前の子どもがどんな作品をつくっているのかにもきちんと着目し，ほめたり，伝えたりすることも忘れないようにしたい。製作に対して苦手意識がある子どもは，保育者に認められることで，意欲を高めることができる。

★ 製作をする際は，見本を見せることで説明しやすくなり，子ども自身もイメージしやすくなる。子どもたち全体から見えやすいように，大きなサイズの見本を示し，説明することも有効である。ただし，最初から完成品を見せてしまうと，全員が同じ作品になってしまうので，5歳児の場合には，必要に応じて紹介していく程度でよい。いかなる場合でも，子どものやりたいことやそれぞれの個性が発揮されるような活動にしていきたい。

★ 発達に合わせた「ねらい」を設定すること。5歳児であれば，子どもたちだけで友達と協力しながら「探検ごっこ」や「宝さがし」などができるようになる。すなわち，目的を達成するために，推測したり，考えたりすることは，この時期だからこそできる活動なのである。5歳児の活動時は，保育者からの不要な援助は控え，少し引いた位置から必要な援助だけ行うようにしたい。

★ 室内から屋外に移動した場合には，「遊びの種類」「配置」「準備しておくこと」「留意点」など具体的に明記しておく。5歳児になると，自分でできることが増えるため，部屋の移動時は人数確認を忘れがちだが，全員が移動できたかも忘れずに確認をするようにしたい。

【見つけて，気づこう】

・実習指導計画案　中心となる活動「楽器遊び」の細案（0歳児）〈165ページ〉
・実習指導計画案　中心となる活動「おひなさま製作」の細案（2歳児）〈171ページ〉
・実習指導計画案　中心となる活動「絵の具スタンプで雪だるまづくり」の細案（4歳児）〈177ページ〉

（1）上記内容における（保育者の）『援助・指導の留意点』に着目しましょう。保育者が実際に行う行動をピンク色のマーカーで，保育者が意図することを黄色マーカーで，色分けしましょう。

例：・一人ひとりと目を合わせて挨拶し，健康観察する。
　　・子ども，保育者が安心できるよう，笑顔で受け入れをする。

（2）(保育者の)『援助・指導の留意点』を色分けして，文章の表現でよく使う言葉やいいまわしを見つけましょう。さらに，ワークをしてみて，気づいたことやわかったことがあれば自由に書きましょう。

・実習指導計画案　中心となる活動「新聞紙遊び」の細案（1歳児）〈165ページ〉
・実習指導計画案　中心となる活動「落ち葉でお面製作」の細案（3歳児）〈174ページ〉
・実習指導計画案　中心となる活動「探検ごっこ」の細案（5歳児）〈179ページ〉

（3）上記内容における『予想される子どもの活動』に着目しましょう。子どもが日々の積み重ねによって見通しをもてるような活動を緑色のマーカーで，その日によって子どもの姿が変化するような活動を水色マーカーで，色分けしましょう。

例：・排せつ，水分補給を済ませ，席に着く。友達同士で話す様子が見られる。
　　・一緒に絵を描くなかで，友達の絵をほめたり，落ちたクレヨンを友達が拾ったり，友達と関わる楽しさや優しさに気づく。

（4）『予想される子どもの活動』を色分けして，文章の表現でよく使う言葉やいいまわしを見つけましょう。さらに，ワークをしてみて，気づいたことやわかったことがあれば自由に書きましょう。

領域「環境」をめぐる
現代的な課題

　近年，わが国では都市化・少子化・核家族化に伴い，家族構造が変わってきている。さらに，社会経済的な状況の側面でも確実に大きな変容が見られており，グローバル化やICT化が急速に進んでいる。今後も子どもたちの生活の身近なところで，外国籍の人々と関わりをもったり，情報機器を活用したりする機会は，確実に増えていくだろう。このように，子どもたちを取り巻く環境が，めまぐるしく変化している。そのなかで現代では，子どもたちが生きる近未来において求められる資質や能力を保育や教育を通じて育成していくことが望まれている。

　つまり，保育者は「これからの子どもたちがどのように生きていくか」「どのような人間に育ってほしいのか」「子どもたちにとって，よりよい環境はどのようなものなのか」「保育者や幼児教育があるべき姿はどんなものなのか」を念頭に置き，保育や教育を実践していく必要があるということになる。このように時代の要請に合わせて，教育や保育のあり方を柔軟に考え，適宜対応していく体制をとっていくことが極めて重要となっている。

1. 21世紀型保育・幼児教育の実践にむけて

　「21世紀型能力」とは，「生きる力」として必要となる資質・能力であり，「基礎力，思考力，実践力」の3要素を相互に連関させることで，「知・徳・体」のバランスを達成していくことに資するものとして捉えられている。こうした能力を育成していくには，とくに実体験を積み重ねていくことが重要となる。すなわ

ち，子どもの潜在的な学ぶ力を引き出し，子ども自身が，自分の力に気づくような経験，そして他者とのやりとりのなかで，主体的に取り組めるような経験である。こうした実体験の積み重ねを通して，子ども自身が学びの価値を見つけ，生活のなかで発揮できるようになっていく。

　2017（平成29）年に「幼保連携型認定こども園教育・保育要領」「幼稚園教育要領」「保育所保育指針」が改訂（改定）となり，認定こども園や幼稚園，保育所が，小学校との連携をはかり，小学校教育が円滑に行われることが，より重視されるようになった。このことは，各園での保育内容に教育的要素を，これまで以上に反映させていくことへの期待も込められている。

　文部科学省のプロジェクト成果報告のなかで提唱された「21世紀型能力」は，OECD（経済協力開発機構）の「キー・コンピテンシー」などとともに，多様化した変化の激しい社会のなかで，他者と共生しながら新しい価値を生み出していくために必要な諸能力の獲得を目標とするという点で共通している。

　「キー・コンピテンシー」とは，OECDによって2000年から始められているPISA調査の枠組みとして定義されている。PISA調査では，知識や技能だけではなく，技能や態度を含む，さまざまなリソースを活用しながら複雑な課題に対応することができる力を測定している。具体的には，①社会的・文化的，技術的ツールを相互作用的に活用する力，②多様な社会グループにおける人間関係形成能力，③自立的に行動する能力の３つが示されている。

　今回の保育指針や教育要領などの改訂の目的の一つは，認定こども園や幼稚園，保育所の教育・保育を共通化し，幼児教育機関が一体となって取り組むことや，小学校から大学までの一貫した学校教育および家庭における教育の強化，そして地域社会との連携を通じた21世紀型の新しい教育を提供していくことにある。すなわち，「21世紀型能力」を育成していくということにつながっている。

　しかしながら，日本における「21世紀型能力」に対する認知度は，決して高くはない。全国の乳幼児をもつ20代から40代の保護者を対象にした「21世紀型教育に関する０歳から６歳のお子さまを持つ保護者672名を対象とした認識調査」(2016) によると，21世紀型能力／スキルという言葉について，「聞いたことがない」が70.8％を占めていた。「聞いたことがある」と回答した29.2％の内訳の上位は，「ネットで見つけて」が10.4％，「テレビを見て」が6.7％，「習い事の教室で」が4.0％であった。

　21世紀型能力／スキルと聞いて思い浮かべることは，「ITの操作スキル」が28.9％，「創造力」が27.1％，「表現力」が22.2％となっている。21世紀型能力／スキルを育むために家庭で子どもにさせたいことは，「英会話（外国語）を身に

つけさせる」が37.1％，「積極的にコミュニケーションする力を身につけさせる」が36.9％，「人前で発言・発表する場を経験させる」が32.6％という結果であった（図1）。

　乳幼児期の教育や保育において，「21世紀型能力」を育んでいくためには，家庭とともに協力しあい取り組んでいくことが肝要となるだろう。すなわち，保育や教育を通じて実際の体験活動を進めていく際には，子どものなかに育まれる「生きる力」を保育者が認め，その力を家庭とも共有し，子どもの育成に対する相互理解を双方向から図っていくことが不可欠となる。

　子ども自身が自分で考え，主体的に活動することは，「楽しさ」「おもしろさ」「安心できる気持ち」「達成感」などを自覚することにつながり，そこからさまざまな「資質・能力」を育むことへと結びつく。つまり，これらが「21世紀型能力」の芽となっていくのである。

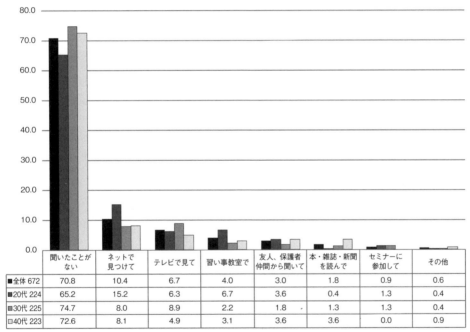

	聞いたことがない	ネットで見つけて	テレビで見て	習い事教室で	友人、保護者仲間から聞いて	本・雑誌・新聞を読んで	セミナーに参加して	その他
■全体 672	70.8	10.4	6.7	4.0	3.0	1.8	0.9	0.6
■20代 224	65.2	15.2	6.3	6.7	3.6	0.4	1.3	0.4
▨30代 225	74.7	8.0	8.9	2.2	1.8	1.3	1.3	0.4
□40代 223	72.6	8.1	4.9	3.1	3.6	3.6	0.0	0.9

▲図1　21世紀型能力／スキルという言葉を聞いたことがありますか。
　　　あれば、それはどこで知りましたか？
（「21世紀型教育に関する0歳から6歳のお子さまを持つ保護者を対象とした認識調査」デジタルアーツ株式会社, 2016)

2. 持続可能な社会に向けた環境教育

2017（平成29）年に幼稚園教育要領が改訂となった。この新たな学習指導要領には，1994（平成6）年にユネスコが提唱したEducation for Sustainable Development（ESD：持続可能な開発のための教育）を基盤とした理念が取り入れられている。

具体的には，幼稚園・小学校・中学校における学習指導要領の前文と全体の内容に係る総則において，幼児・児童・生徒を「持続可能な社会の創り手となる」ように育成する旨の文章が記載されている。また，各教科・領域においてもESDに関連する内容が盛り込まれるようになっている。

ESDは，世界の情勢が変革していくなかで，自分の身近な課題について子ども自身ができることを考え，行動していくという学びの姿勢が中心におかれている。そして，この姿勢こそが，地球規模の課題解決へと結びつくという考え方を基本として捉えている。

2015（平成27）年に国連で採択された「持続可能な開発目標（SDGs）」では，17のSustainable Development Goals（持続可能な開発のための目標）を創設しており，「持続可能な開発のための教育」が，その目標の一つに位置づけられている。さらに，これらのゴールを達成するために，2015年から2019年の間にGlobal Action Program（GAP：グローバルアクションプログラム）を行うことが採択されている。領域「環境」においては，SDGsが示す以下の17目標に沿った子どもたちに対する環境教育を積極的に実践することが重要であり，こうした活動が「ESD：持続可能な開発のための教育」となる。

【目標1】貧困をなくすこと　　　　　【目標2】飢餓をなくすこと

【目標3】健康であること　　　　　　【目標4】質の高い教育

【目標5】ジェンダーの平等　　　　　【目標6】清潔な水と衛生

【目標7】再生可能エネルギー　　　　【目標8】適切なよい仕事と経済成長

【目標9】新しい技術とインフラ　　　【目標10】不平等を減らすこと

【目標11】持続可能なまちと地域社会　【目標12】責任をもって生産し，消費すること

【目標13】気候変動への対策　　　　　【目標14】海のいのちを守ること

【目標15】陸のいのちを守ること　　　【目標16】平和で公正な社会

【目標17】目標のために協力すること

（（公社）セーブ・ザ・チルドレン・ジャパン）

SDGsの取り組み実践（SDGs：目標7・12）

　園舎のデザインコンセプトは，おじいちゃん家。園庭というと，遊具がイメージできるが，おじいちゃん家の庭には，築山，畑，砂場，門扉から庭の水盤までは，玄関から土間が一直線に続く。玄関横の庭には，毎年実る柿の木がある。「昔から桃栗3年，柿8年」というが，2年目から鈴なりに実がつき，味も見事な柿の木。日照がよく風もぬけるところにシンボルツリー。田んぼには，めだかが生息する。畑では，季節ごとに苗を植えたり，種をまいたり，食べられるものを育てている。人参を植えたとき，成長し，葉っぱには青虫がいた。毎日観察しているとやがて蝶になる。まさにエリック・カールの世界である。そして蝶は自分の生まれた場所の花の蜜が大好物，そのために人間が食べるために人参を育てるのではなく，蝶のために人参を育ててみたいと子どもたちの意識も変化していく。

　半夏生（夏至から11日目，太陽暦では7月2日頃），農事暦ではこの日までに田植えをすることが大切だった。強い日光と夕立によって生育され，葉が茂り，トマト，

きゅうり，ピーマンが旬となる。アサガオが咲いたら，人参の種をまく。田畑は，季節にも密接しており，春，夏，秋，冬，24節気，さらに3分割した「72候」がある。「72候」では，5日ごとに一つの自然事象が示されている。この保育園では，短期計画である週案に「72候」を活用し，実践している。

　「土からのものを土に還す」と昔の人はゴミを出さなかった。野菜くずは家畜の餌，人間の排泄物も下肥となって畑に還されていた。出ていくエネルギーと入ってくるエネルギーが同じ「循環社会」。生ゴミで堆肥をつくれば，省エネとなり，環境にも優しい。また，このような活動は，子ど

もへの食育とつながっていく。

　ニュージーランドには，パーマカルチャー（パーマ：永久な，アグリカルチャー：農業）と呼ばれる持続可能型農業や暮らしのデザインを大事にしている文化がある。これは，日本でいう地産地消に当てはまるだろう。

　保育園は，英語でNursery school（nursery＝苗畑・種苗場）と呼ばれる。他方，幼稚園は，Kindergartenと呼ばれている。この言葉の由来は，ドイツ語の子どもの庭であり，ドイツの幼児教育の父・フレーベルが自分の幼稚園をキンダーガルテンと呼んだことが始まりとされている。つまり，子どもの育ちが田畑などの自然活動と密接に結びついていることを示している。

（パイオニアキッズつつじヶ丘園：東京都調布市）

　生きるために必要な原体験とは，五感の体験である。自然のなかの火・石・土・木・草・動物などとの動植物との関わりは，絵本やテレビなどの視覚情報だけでは実感することができない。畑でサツマイモを収穫した子どもは，そのときの天気や気温，土の匂いや感触，一緒に掘った友達との会話といった実体験を通じて，サツマイモ掘りを思い出すことだろう。乾燥させたサツマイモを庭の落ち葉で焼いた焼き芋の味は，買った焼き芋の味とは違うことを，子どもは体験のなかから学んでいく。

　こうした経験の積み重ねが，子どもたちの探究心につながっていく。そして，自然環境に対するさらなる興味や関心を広げていき，自分たちの健康や暮らしを考え，環境を守ることへの課題意識を高めていく。すなわち，現在求められている「生きる力」とは，「環境」を体感していくことから育くまれていく力でもある。

3. ニュージーランドの幼児教育現場から学ぶ

（1）多様な保育・教育実践

　ニュージーランドでは，日本と同じように6歳から義務教育が始まるが，5歳から小学校に入学する子どもがほとんどである。就学前の子どもが通える施設は，数多く存在しており，保育所（教育・保育センター），幼稚園，プレイセンター，家庭的保育，テ・コハンガレオ（先住民マオリ人の幼稚園）など，多種多様な機関がある。

ニュージーランドの幼児教育の特徴は，大まかなディリープログラムはあるものの，子ども主体の自由活動が中心である。つまり，自分のやりたい遊びを選び，その遊びに満足するまで，じっくりと取り組むことができる環境が用意されているということになる。例えば，昼食の時間でも声がけをするものの，空腹でなかったり，遊びに集中し，子どもが「今は，食べたくない」という判断をした場合には，その子どもの気持ちを尊重し，遊びを見守っている。もちろん，クラス全体で絵本を読んだり，音楽に親しんだり，お話をしたりする時間もあるが，参加するか，参加しないかの決定権が，子どもの意思に委ねられることが多い。

　なぜ，ニュージーランドでは，子どもの主体性を重視した遊び方をするのだろうか。それは，子どもが自由に遊ぶとき，もっとも学習効果が高まると考えているからである。保育者は，子どもの発達・成長を考え，日々のねらいを立てながら，主活動を考え，遊びの環境を設定する。例えば，プレイセンターという親が協働運営している認可園では，親が保育者となり，環境設定を行っている。そこでは，子どもたちが，好きな遊びにじっくり取り組めるように，16分野のコーナー別遊びを設定している。そして，子どもたち一人ひとりの発達に合わせながら，どのようにすれば子どもの遊びや活動が発展していくのかを親自身が考え，子どもと遊びに関わっていく。プレイセンターでは，「子ども主体の遊び」を実践するために，以下の環境が必要だと捉えている。

　　・厳選されたおもちゃ，道具，絵本
　　・遊びのスペース
　　・遊びの時間
　　・遊びのアイデアを出したり，遊びを発展させたりする一緒に遊ぶ保育者
　　・年齢が近い友達

≪物的環境≫

　日常的にある遊べる道具や教材として，砂，粘土，絵の具，水，木などがあげられる。また，昔から子どもたちが遊んでいた自然物や素材，生活道具類，ブロックや積み木などの木製玩具がある。さらには，子どもたちが自分で組み立てられるような玩具もあるだろう。絵の具，糊，木工材料，粘土，紙の切れ端や新聞，木片，空き箱なども活用できる。大工道具など「本物」の道具類も使う。これらに加えて，絵本や楽器類も用意していく。

▲写真1　大工遊びコーナー

▲写真2　コンポスト（SDGsを取り入れた
保育活動）

≪屋外環境≫

　外遊びの機会を設ける。可能であれば，自由に動きまわれる場所，おもちゃの
荷車やトラックが走れる場所などが屋外にあるとよい。砂場遊びや小さい庭で植
物を育てるといった体験もできるようにする。傾斜のある山などがあれば，登っ
たり，滑り降りたり，転がったりすることで身体運動の場となる。さらに，土を
掘って泥遊びや，川をつくって遊ぶこともできる。

▲写真3　球根植

≪室内環境≫

　それぞれの活動は，ほかの活動への邪魔にならないようにしていく。例えば，
人形や絵本，イーゼルを立てて絵を描くなどの手先を使う静かな遊びコーナーは，

落ち着ける場所に設定する。水遊びは屋外や水場に近い場所がよい。積み木が行えるような広いスペースは，保管場所の横にするなどの工夫をしていく必要がある。

▲写真4　麦で分量計り

　遊びを通した子どもの育ちや学びを見取り，育んでいくために，保育者は適切な環境を用意していく必要がある。適切な環境があってこそ，子どもたちは自由に遊び，自分にあった速さで，学びを深めていくようになる。ほかの子どもに無理してあわせるのではなく，その子どものペースで学ぶことをニュージーランドの幼児教育・保育現場では，重要視している。つまり，自分がやりたい遊びを選び，納得したりうまくできるまで，その遊びを行うことができる権利を，子ども自身に与えているということになる。

（2）ラーニング・ストーリーを書いてみる
　子どもの主体的な遊び活動を保障していくには，子どもが現在(いま)，何に興味をもち，どのような遊びに発展させていけばよいのか，保育者が乳幼児の姿を観察しながら，その環境を整えていく必要がある。
　ラーニング・ストーリーとは，文字どおり，毎日繰り返されている園生活のなかでの「学びの物語」を，子どもの目線に立って記述する，子ども主体のエピソード記録を指し示している。ラーニング・ストーリーは，子ども一人ひとりの興味や関心，意欲や心情などを肯定的に見るための一つの評価方法でもある。
　カー（2001）は，「できないこと」に着目し，「できるようにする」という視点をもつのではなく，子どもたちが，①何に興味関心をもって取り組んでいるのか，

②夢中になっているのか，③何かに挑戦しているのか，④自分の気持ちや思いを表現しているのか，⑤自分の役割を果たしている（他者への貢献）のかに焦点をあて，子どもの遊びに着目していくことが大切であると強調している。そして，子どもの遊ぶ姿からこの5つの視点が観察できたときこそ，その子どものなかに「学びの構え（Learning Disposition）」ができたと捉えていく。つまり，子どもの育ちの可能性を明らかにするために，子どものなかから湧き起こる思いや行動をしっかりと観察し，写真と記録に残し，可視化していく方法となる。すなわち，有能な学び手である子どもの視点に立ち，保育者と子どもの家族（保護者）が，子どもを理解していくために使われる評価の一手法となる。

こうした子どものありのままの実践や姿を，保育者が理解していくことこそが，乳幼児期の遊びを支える環境づくりへの一助となっていく。

4. さまざまな経験を積む環境づくり

領域「環境」において重要となる視点は，子どもが「環境」と関わり，発達・成長していくことへの関心である。すなわち，保育者には，子どもを見取る視点や力が必要になってくる。そして，子どもの遊びを次の活動へとつなげていき，環境を設定していくことが，保育者の重要な役割となる。子どもを取り巻く環境が大きく変容していることからも，現代では，認定こども園や幼稚園，保育所が子どもにとってのなくてはならない経験や体験の場となっている。

認定こども園や幼稚園，保育所などに通う年長児をもつ保護者2,266名を対象としたベネッセの「園での経験と幼児の成長に関する調査」（2016）によると，幼稚園や保育所などでの園活動において「遊び込む経験」が多いほうが，「学びに向かう力」が高くなることが明らかとなっている。調査では，「遊び込む経験」を，①自由に好きな遊びをする，②好きなことや得意なことをいかして遊ぶ，③遊びに自分なりの工夫を加える，④挑戦的な活動に取り組む，⑤先生に頼らずに製作する，⑥見通しをもって，遊びをやり遂げることの6点に整理している。

この「遊び込む経験」と「学びに向かう力」を，5つの領域：①好奇心，②協調性，③自己主張，④自己抑制，⑤がんばる力との関連で分析したところ，園での活動で「遊び込む経験」が多かった子どものほうが，「いろいろなことに自信をもって取り組める」などの「学びに向かう力」が高い傾向がみられた。この「学びに向かう力」は，「よりよい人生を生きるための土台」ともいわれている。

このことは，非認知的スキルの育成にもつながっており，これからの子どもが社会で生きていく上で，とくに必要な能力として注目されている。さらに，この

「遊び込む経験」を支える条件として，園での活動のなかで自由に遊べる時間・空間・遊具や素材などの環境設定や，子ども自身の「やってみたい」という気持ちを尊重するなどの保育者の受容的な関わりが大切であることが示されている。すなわち，保育者による適切な環境設定と子どもたち一人ひとりへのていねいな声がけや対応のあり方が肝要であり，こうした働きかけこそが21世紀を生き抜く子どもたちに求められる知識や技能を伸ばすことにつながっていくと理解することができるだろう。

保育者が作成した実際のラーニング・ストーリーをもとに子ども理解を深めてみましょう。

（1）保育者のラーニング・ストーリーを見てみましょう。保育者は，以下のどの観察のポイントでタクヤくんを観察・記録したと考えますか。そう考えた理由も書いてみましょう。

〈保育者の観察のポイント〉
①興味関心をもって取り組んでいること
②夢中になって取り組んでいること
③挑戦して取り組んでいること
④自分の心情を表現していくこと
⑤他者への貢献や責任を取っている姿に着目する

・選んだ番号　　　（　　　　　　　　　　　）

・そう考えた理由

....

....

....

....

....

（2）このラーニング・ストーリーのタイトルをつけてみましょう。
　　例）「たいせつな命」「ありさんの里帰り」など。
　　➋（2）に書こう

（3）タクヤくんにとって，どのような学びの芽生えがあったと思いますか。
　　➋（3）に書こう

（4）保育者として，次にどのような遊びにつなげたいですか。
　　➋（4）に書こう

ラーニング・ストーリー ⇨⇨⇨ <u>レインボー組（5歳 8か月）タクヤくん</u>

どうしよう！

これじゃない！
小さすぎるよ!!

ありさんだいじょうぶ
かなぁ……。
タクヤくん よろしくね。

そーっとしないと
ありさんがびっく
りしちゃうからね。

アリの巣観察キットでクロヤマアリの巣を観察しよう
としているレインボー組の子どもたち。みんなで小さ
なアリをつかまえてきましたが、よ～く説明書を見て
いると、「あれ！ これじゃない!! このアリは小さ
すぎるよ！」とクロヤマアリではないことに気がつい
たタクヤくんたちは大さわぎ。
「大変！ 早くお家にかえしてあげないとしんじゃう
よ～」
そこでみんなで土のあるところに帰してあげることに
しました。「アリが入っているケースを振っちゃうと
アリがつぶれて死んじゃうから。そっと運ぶんだよ」
とタクヤくんは、大切に大切に一歩ずつ、そ～っとア
リを運びました。無事に逃がしてあげることができる
と「はぁ～、よかった。これで大丈夫」と、一安心の
タクヤくんでした♪

おともだちにあえるといいね～！

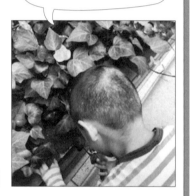

> どんな学びの芽生えがあったと思
> いますか？➡️（3）

> 次にどのような遊びにつなげたい
> ですか？➡️（4）

参 考 文 献

・『21世紀型スキルとは何か　―コンピテンシーに基づく教育改革の国際比較』松尾知明（2015）明石出版
・『5歳児アプローチカリキュラムと小1スタートカリキュラム　―小1プロブレムを予防する保幼小の接続カリキュラム』三浦光哉編著（2017）ジアース教育新社
・Assessment in Early Child Settings Learning Stories. Carr, M. (2001) SAGE, London.
・『赤ちゃんの心理学』大藪泰（2013）日本評論社
・『ヴィゴツキー入門』柴田義松（2006）子どもの未来社
・『書き方・あそび・保育のコツがわかる　実習の日誌と指導案サポートブック』大元千種監修（2016）ナツメ社
・『「書くこと」の保幼小連携』前田敬子（2015）『仁愛女子短期大学研究紀要』第47号
・『家族で楽しむ子どものお祝いごとと季節の行事』新谷尚紀監修（2013）日本文芸社
・『教育の情報化に関する手引き（令和元年12月版）』文部科学省（2019年12月）
・『子ども学～生活科と環境の研究を踏まえて～』中村圭吾ほか（2017）現代図書
・『子どもを「人間としてみる」ということ』子どもと保育総合研究所編，佐伯胖他著（2013）ミネルヴァ書房
・『小学校学習指導要領（平成29年告示）』文部科学省（2018）東洋館出版社
・『小学校学習指導要領（平成29年告示）解説　生活編』文部科学省（2018）東洋館出版社
・『小学校プログラミング教育の手引き（第三版）』文部科学省（2020年2月）
・『状況に埋め込まれた学習　―正統的周辺参加』ジーン・レイヴ，エティエンヌ・ウェンガー，佐伯胖訳（1993）産業図書
・『事例で学ぶ保育内容　領域　環境』無藤隆監修・福元真由美編著代表（2018）萌文書林

・『事例でわかる　実習の日誌＆指導案作成マニュアル』矢野真・上月智晴・松崎行代監修（2016）成美堂出版

・『新・保育内容シリーズ3　環境』嶋崎博嗣・小櫃智子・照屋建太編著（2010）一藝社

・『新保育ライブラリ　保育内容　環境』小田豊・湯川秀樹編著（2009）北大路書房

・『スタートカリキュラム　スタートブック』文部科学省国立教育政策研究所教育課程編成センター編（2015）文部科学省国立教育政策研究所教育課程編成センター

・『戦後思想の到達点』大澤真幸，柄谷行人，見田宗介（2019）NHK出版

・『育ての心（上巻）』倉橋惣三（2008）フレーベル館〔倉橋惣三文庫〕

・「第2回　乳幼児の親子のメディア活用調査報告書」ベネッセ教育総合研究所（2018）

・『日本の伝統文化・芸能事典』日本文化いろは事典プロジェクトスタッフ（2006）汐文社

・『人間発達の生態学　―発達心理学への挑戦―』U. ブロンフェンブレンナー，磯貝芳郎・福富護訳（1996）川島書店

・『発達153』遠藤利彦（2019）ミネルヴァ書房

・『ヒトはなぜ協力するのか』マイケル・トマセロ，橋彌和弘訳（2013）勁草書房

・『フォトランゲージで学ぶ！　子どもの育ちと実習日誌・保育計画』神永直美著（2016）萌文書林

・『保育所保育指針』厚生労働省（2017（平成29）年告示）

・『保育所保育指針解説』厚生労働省（2018（平成30）年）

・「保育所保育指針の改定に関する議論のとりまとめ」厚生労働省（2016）

・『保育内容環境　あなたならどうしますか？』酒井幸子・守巧編著（2016）萌文書林

・「幼児の環境教育に関する実践的研究（その1）　―環境のとらえ方と教育課題―」腰山豊（1990）秋田大学教育会部教育工学研究報告第12号

・『幼稚園教育要領』文部科学省（2017（平成29）年告示）

・『幼稚園教育要領解説』文部科学省（2018（平成30）年）

・『幼保連携型認定こども園教育・保育要領』内閣府・文部科学省・厚生労働省（2017（平成29）年告示）

・『幼保連携型認定こども園教育・保育要領解説』内閣府・文部科学省・厚生労働省（2018（平成30）年）

・『〈領域〉人間関係ワークブック』田村美由紀・室井佑美（2017）萌文書林

・『私たちが目指す世界　子どものための「持続可能な開発目標（SDGs）」～2030年までの17の目標～』(2015) 公益社団法人セーブ・ザ・チルドレン・ジャパン

編著者　佐藤純子（さとう・じゅんこ）　　　　　巻頭口絵，1，2，13章（本文），14章

流通経済大学社会学部社会学科教授

[専攻] 家族社会学，社会福祉学

[経歴] 東京都出身。早稲田大学大学院人間科学研究科博士後期課程満期修了退学。博士
（人間科学）。大学院生のころより，プレイセンター（子育て支援事業）の研究およ
び普及事業に従事する。淑徳大学短期大学部こども学科教授などを経て，現職。

[著書]『わかりやすい社会保障制度　〜はじめて福祉に携わる人へ〜』（共著，ぎょうせ
い，2018），『保育と子ども家庭支援論』（共著，勁草書房，2020），『保育士を育てる
シリーズ　子育て支援』（編著，一藝社，2020），『子育て支援 「子どもが育つ」を
ともに支える』（共著，北樹出版，2020），『子ども家庭支援論』（共著，北樹出版，
2020），『災害・感染症対応から学ぶ子ども・保護者が安心できる園づくり』（編著
代表，ぎょうせい，2022）ほか多数。

著　者　矢治夕起（やじ・ゆき）　　　　　　　　　　　　9，12章（本文）

淑徳大学短期大学部こども学科教授

[専攻] 教育学（教育史）

[経歴] 東京都出身。日本大学大学院文学研究科博士後期課程満期退学。修士（文学）。日
本大学文理学部，川村学園女子大学非常勤講師などを経て，現職。

[著書]『日本の保育の歴史　—子ども観と保育の歴史150年』（共著，萌文書林，2017）ほか

田村美由紀（たむら・みゆき）　　　　　　　　　　　4，11章

淑徳大学短期大学部こども学科准教授

[専攻] 幼児教育学，保育学，学校保健学，発達心理学

[経歴] 北海道出身。北海道教育大学教育学部卒業。大阪大学大学院医学系研究科博士課程
修了。博士（医学）。国立精神・神経センター（現，国立精神・神経医療研究セン
ター）精神保健研究所研究員，人間総合科学大学人間科学部助教，山村学園短期大
学保育学科講師などを経て，現職。

[著書]『保育者養成シリーズ「乳児保育」』（共著，一藝社，2015），『〈領域〉人間関係ワー
クブック』（共著，萌文書林，2017），『やさしく学ぶ子どもの保健ハンドブック』
（単著，萌文書林，2018）

室井佑美（むろい・ゆみ）　　　　　　3，10章，1，2，7，8，9，12，13章（演習）

山村学園短期大学子ども学科准教授

[専攻] 保育学，社会福祉学

[経歴] 栃木県出身。東洋大学大学院福祉社会デザイン研究科ヒューマンライフ専攻博士前

期課程修了。修士（社会福祉学）。大学卒業後，保育士，社会福祉士として障がい児保育現場，医療現場に勤務。その後，東洋大学ライフデザイン学部生活支援学科助教（実習担当），江戸川大学総合福祉専門学校こども福祉科講師を経て，現職。

[著書]『保育者養成シリーズ「相談援助」』（共著，一藝社，2012），『保育を学ぶシリーズ①「保育内容・人間関係」』（共著，大学図書出版，2015），『〈領域〉人間関係ワークブック』（共著，萌文書林，2017）

村山大樹（むらやま・たいき）　　　　　　　　　　　　7，8章（本文）

帝京平成大学人文社会学部児童学科講師

[専攻] 教育学，子ども学

[経歴] 千葉県出身。文教大学大学院教育学研究科修士課程修了。修士（学校教育）。幼稚園教諭，特定非営利活動法人東京学芸大こども未来研究所研究員，金沢学院短期大学幼児教育学科助教などを経て，現職。

[著書]『あそびのたねずかん』（共著，東京書籍，2016）

溝口義朗（みぞぐち・よしあき）　　　　　　　　　　　　　　5，6章

東京都認証保育所ウッディキッズ施設長

[専攻] 保育学

[経歴] 保育士。近畿大学豊岡短期大学通信教育部卒業。認可保育所勤務後，認可外保育所を設立，現職。淑徳大学短期大学部非常勤講師。一般社団法人日本こども育成協議会理事，副会長。

[著書]『子ども育ちと環境』（共著，ひとなる書房，2008），『まるかわり子ども・子育て支援法　施設型事業・地域型保育事業』（編集代表，ぎょうせい，2017），『倉橋惣三を旅する　21世紀型保育の探求』（共著，フレーベル館，2017），『保育の未来をひらく乳児保育』（共著，北樹出版，2019）

執筆協力者

宮武　貴子　（社会福祉法人調布白雲福祉会パイオニアキッズ統括園長）

片川里緒菜　（東京都公立保育所保育士）

撮影協力園

はぐはぐキッズこども園東上野（東京都台東区）

すすむ幼稚園（東京都練馬区）

パイオニアキッズつつじヶ丘園（東京都調布市）

東京都認証保育所ウッディキッズ（東京都あきる野市）

大袋幼稚園（埼玉県越谷市）

New Lynn Kindergarten（ニュージーランド・オークランド）

Tamahere Playcentre（ニュージーランド・タマヘレ）

St. Albans Playcentre（ニュージーランド・クライストチャーチ）

装幀・本文レイアウト	aica
イラスト	鳥取秀子
DTP制作	本薗直美（ゲイザー）

〈領域〉
環境ワークブック
―基礎理解と指導法―

2020年 8 月31日　初版第 1 刷発行
2023年 4 月 1 日　初版第 2 刷発行

編著者	佐藤　純子
発行者	服部　直人
発行所	㈱萌文書林

〒113-0021　東京都文京区本駒込6-15-11

Tel. 03-3943-0576　Fax. 03-3943-0567

https://www.houbun.com

info@houbun.com

印刷・製本	シナノ印刷株式会社

ⓒ2020 Junko Sato,　　Printed in Japan
ISBN 978-4-89347-370-7 C3037